本書の特色と使い方

４段階のステップ学習で、豊かな学力が形成されます。

「音読」「なぞり書き」「書き写し」「暗唱」の４段階のシートで教科書教材を深く理解でき、ゆっくり学んでいくうちに、豊かな学力が形成されます。

ゆっくりていねいに、段階を追った学習ができます。

問題量を少なくした、ゆったりとした紙面構成で、読み書きが苦手な子どもでも、ゆっくりていねいに、段階を追って学習することができます。また、漢字が苦手な子どもでも、学習意欲が減退しないように、問題文の全てにかな文字を記載しています。

光村図書・東京書籍・教育出版の国語教科書から抜粋した詩・物語・説明文教材の問題などを掲載しています。

教科書掲載教材を使用して、授業の進度に合わせて予習・復習ができます。三社の優れた教科書教材を掲載しておりますので、ぜひご活用ください。

どの子も理解できるよう、お手本や例文を記載しています。

問題の考え方や答えの書き方の理解を補助するものとして、はじめに、なぞり書きのできるグレー文字のお手本があります。また、文作りでは例文も記載しています。

あたたかみのあるイラストで、文作りの場面理解を支援しています。

わかりやすいイラストで、文章の理解を深めます。生活の場面をイラストにして、そのイラストに言葉をそえています。イラストにそえられた言葉を手がかりに、子ども自らが文を作れるように配慮してあります。また、イラストの色塗りなども楽しめます。

支援教育の専門の先生の指導をもとに、本書を作成しています。

教科書の内容や構成を研究し、小学校の特別支援学級や支援教育担当の先生方、専門の研究者の先生方のアドバイスをもとに問題を作成しています。

ワークシートの解答例について（お家の方や先生方へ）

本書の解答は、あくまでもひとつの「解答例」です。お子さまに取り組ませる前に、必ず指導される方が問題を解いてください。指導される方の作られた解答をもとに、お子さまの多様な考えに寄り添って○つけをお願いします。

もっとゆっくりていねいに学べる **作文ワーク基礎編**
（光村図書・東京書籍・教育出版の教科書教材より抜粋）

1—① 目《もく》次《じ》

書《か》き写《うつ》し・音《おん》読《どく》・暗《あん》唱《しょう》

文《ぶん》作《づく》り

書き写し・音読・暗唱　シートの見分け方

…音読・なぞり書き

…音読・書き写し

…音読・覚える・なぞり書き

…暗唱・覚えて書く

うたに　あわせて　あいうえお ①

なまえ

しを　おんどくしてから、かき　うつしましょう。

うたに　あわせて　あいうえお

あかるい
あかるい
あさひだ
あさひだ
あいうえお
あいうえお

★かき　おわったら、もう　いちど、おんどくしましょう。

（令和二年度版　光村図書　こくご　一上　かざぐるま「うたに　あわせて　あいうえお」による）

うたに　あわせて　あいうえお　②

なまえ

しを　おんどくしてから、かき　うつしましょう。

うたに　あわせて　あいうえお

あかるい
あさひだ
あいうえお

★かき　おわったら、もう　いちど、おんどくしましょう。

（令和二年度版　光村図書　こくご　一上　かざぐるま「うたに　あわせて　あいうえお」による）

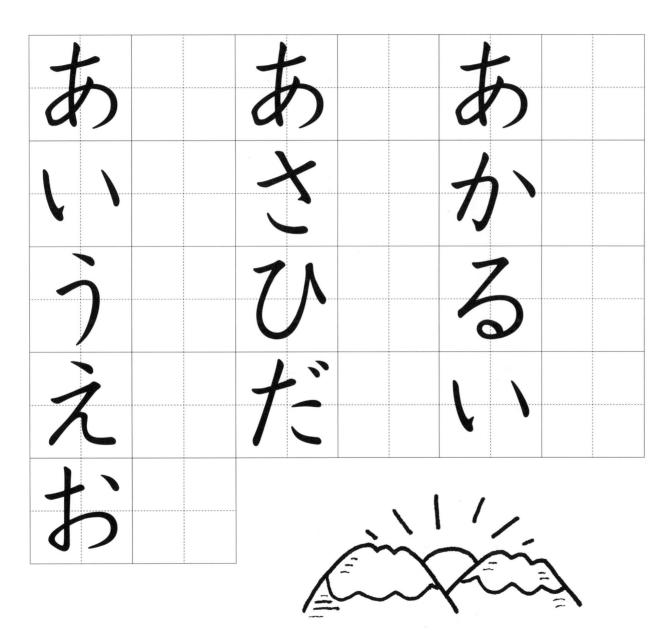

うたに　あわせて　あいうえお　③

なまえ

しを　おんどくしてから、かき　うつしましょう。

あ	あ	い	い	い	い
い	い	ろ	ろ	い	い
う	う	い	い		
え	え	ろ	ろ	こ	こ
お	お			と	と

★かき　おわったら、もう　いちど、おんどくしましょう。

（令和二年度版　光村図書　こくご　一上　かざぐるま「うたに　あわせて　あいうえお」による）

うたに　あわせて　あいうえお　④

なまえ

しを　おんどくしてから、かき　うつしましょう。

いい

こと

いろいろ

あいうえお

★かき　おわったら、もう　いちど、おんどくしましょう。

（令和二年度版　光村図書　こくご　一上　かざぐるま　「うたに　あわせて　あいうえお」による）

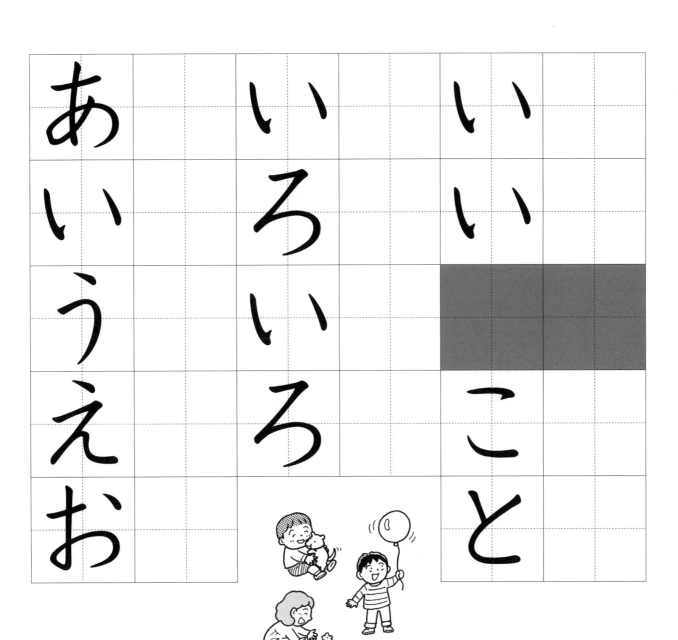

うたに　あわせて　あいうえお　⑤

なまえ

しを　おんどくしてから、かき　うつしましょう。

うたごえ
うたごえ

うきうき
うきうき

あいうえお
あいうえお

★かき　おわったら、もう　いちど、おんどくしましょう。

（令和二年度版　光村図書　こくご　一上　かざぐるま　「うたに　あわせて　あいうえお」に　よる）

うたに　あわせて　あいうえお　⑥

なまえ

しを　おんどくしてから、かき　うつしましょう。

うたごえ

うきうき

あいうえお

★かき　おわったら、もう　いちど、おんどくしましょう。

（令和二年度版　光村図書　こくご　一上　かざぐるま「うたに　あわせて　あいうえお」による）

うたに　あわせて　あいうえお　⑦

なまえ

しを　おんどくしてから、かき　うつしましょう。

えがおで
えがおで
えんそく
えんそく
あいうえお
あいうえお

★かき　おわったら、もう　いちど、おんどくしましょう。

（令和二年度版　光村図書　こくご　一上　かざぐるま「うたに　あわせて　あいうえお」による）

うたに　あわせて　あいうえお　⑧

なまえ

しを　おんどくしてから、かき　うつしましょう。

えがおで
えんそく
あいうえお

★かき　おわったら、もう　いちど、おんどくしましょう。

（令和二年度版　光村図書　こくご　一上　かざぐるま「うたに　あわせて　あいうえお」による）

うたに　あわせて　あいうえお　⑨

なまえ

しを　おんどくしてから、かき　うつしましょう。

おいしい

おむすび

あいうえお

★かき　おわったら、もう　いちど、おんどくしましょう。

（令和二年度版　光村図書　こくご　一上　かざぐるま「うたに　あわせて　あいうえお」による）

うたに　あわせて　あいうえお ⑩

なまえ

しを　おんどくしてから、かき　うつしましょう。

おいしい
おむすび
あいうえお

★かき　おわったら、もう　いちど、おんどくしましょう。

(令和二年度版　光村図書　こくご　一上　かざぐるま「うたに　あわせて　あいうえお」による)

うたに　あわせて　あいうえお　⑪

なまえ

しを　おんどくして、おぼえましょう。また、しを　かきましょう。

うたに　あわせて　あいうえお

あかるい
あさひだ
あいうえお

いい　こと
いろいろ
あいうえお

うたごえ
うきうき
あいうえお

えがおで
えんそく
あいうえお

おいしい
おむすび
あいうえお

★かき　おわったら、もう　いちど、おんどくしましょう。

（令和二年度版　光村図書　こくご　一上　かざぐるま　「うたに　あわせて　あいうえお」による）

うたに　あわせて　あいうえお　⑫

なまえ

しを　あんしょうしましょう。おぼえたら　かきましょう。

うたに　あわせて　あいうえお

あああ

あいい

あうう

あええ

あおお

★かき　おわったら、もう　いちど、おんどくしましょう。

（令和二年度版　光村図書　こくご　一上　かざぐるま「うたに　あわせて　あいうえお」による）

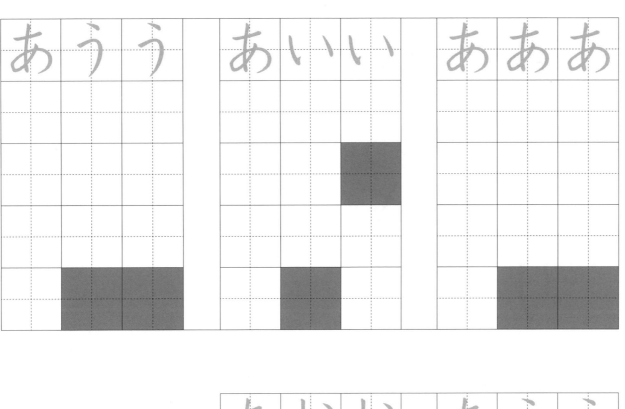

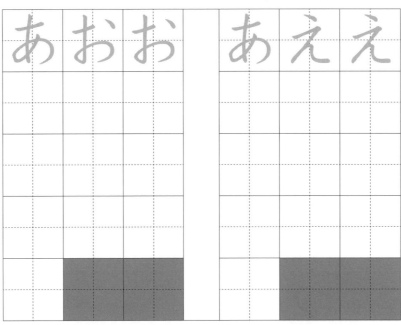

あさの　おひさま　①

なまえ

しを　おんどくしてから、かき　うつしましょう。

あさの　おひさま

あさの
おひさま
おおきいな
のっこり
うみから
おきだした

★かき　おわったら、もう　いちど、おんどくしましょう。

（令和二年度版　光村図書　こくご　一上　かざぐるま　かんざわ　としこ）

あさの　おひさま　②

なまえ

しを　おんどくしてから、かき　うつしましょう。

あさの　おひさま

あさの
おひさま
おおきいな
のっこり
うみから
おきだした

★かき　おわったら、もう　いちど、おんどくしましょう。

（令和二年度版　光村図書　こくご　一上　かざぐるま　かんざわ　としこ）

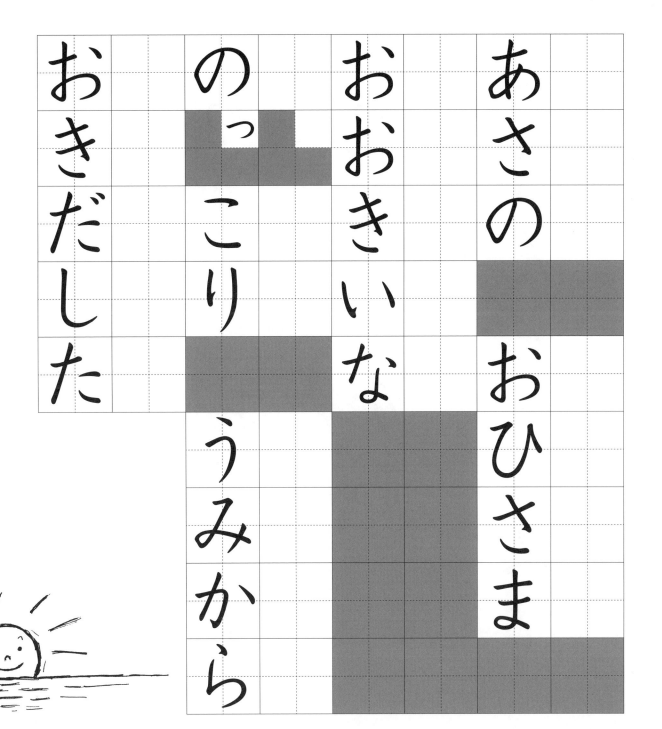

あさの　おひさま　③

しを　おんどくしてから、かき　うつしましょう。

なまえ

あさの　おひさま
あかい　かお
ざぶんと　うみで
あらったよ

★かき　おわったら、もう　いちど、おんどくしましょう。

（令和二年度版　光村図書　こくご　一上　かざぐるま　かんざわ　としこ）

あさの おひさま ④

なまえ

しを おんどくしてから、かき うつしましょう。

あさの おひさま
あかい かお
ざぶんと うみで
あらったよ

★かき おわったら、もう いちど、おんどくしましょう。

（令和二年度版 光村図書 こくご 一上 かざぐるま かんざわ としこ）

あさの　おひさま　⑤

なまえ

しを　おんどくして、おぼえましょう。また、しを　かきましょう。

あさの　おひさま

あさの　おひさま
おおきいな
のっこり　うみから
おきだした

あさの　おひさま
あかい　かお
ざぶんと　うみで
あらったよ

★かき　おわったら、もう　いちど、おんどくしましょう。

（令和二年度版　光村図書　こくご　一上　かざぐるま　かんざわ　としこ）

あさの　おひさま　⑥

なまえ

しを　あんしょうしましょう。おぼえたら　かきましょう。

あさの　おひさま

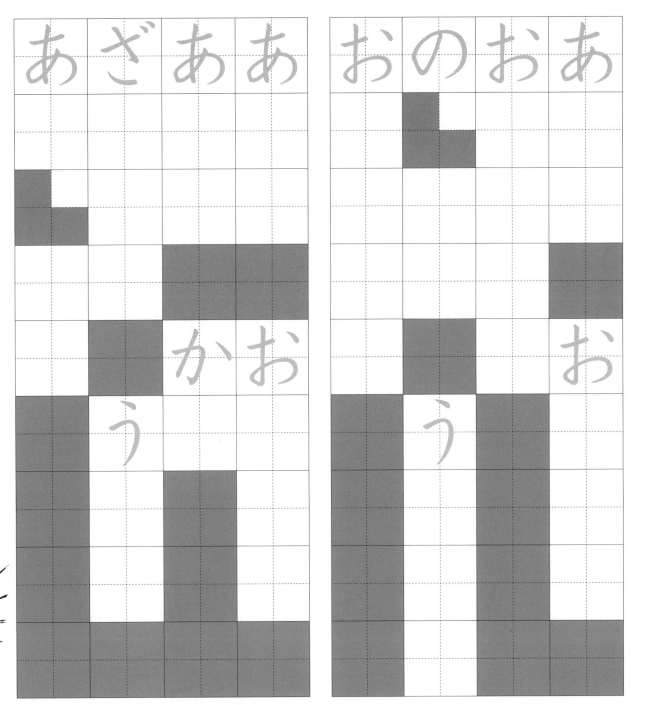

★かき　おわったら、もう　いちど、おんどくしましょう。

（令和二年度版　光村図書　こくご　一上　かざぐるま　かんざわ　としこ）

あめですよ ①

なまえ

しを おんどくしてから、かき うつしましょう。

あめですよ

あめ あめ だいすき
あめ あめ だいすき
とん とん とん
とん とん とん

あめ あめ きらい
あめ あめ きらい
ふう ふう ふう
ふう ふう ふう

★かき おわったら、もう いちど、おんどくしましょう。

（令和二年度版 東京書籍 あたらしいこくご 一上 とよた かずひこ）

あめですよ　②

なまえ

しを　おんどくしてから、かき　うつしましょう。

あめですよ

あめ　あめ　だいすき

とん　とん　とん

あめ　あめ　きらい

ふう　ふう　ふう

★かき　おわったら、もう　いちど、おんどくしましょう。

（令和二年度版　東京書籍　あたらしいこくご　一上　とよた　かずひこ）

あめですよ ③

なまえ

しを　おんどくしてから、かき　うつしましょう。

あめ　あめ　だいすき
あめ　あめ　だいすき
どん　どん　どん
どん　どん　どん
あめ　あめ　きらい
あめ　あめ　きらい
ぶう　ぶう　ぶう
ぶう　ぶう　ぶう

★かき　おわったら、もう　いちど、おんどくしましょう。

（令和二年度版　東京書籍　あたらしいこくご　一上　とよた　かずひこ）

あめですよ ④

なまえ

しを　おんどくしてから、かき　うつしましょう。

あめ　あめ　だいすき

どん　どん　どん

あめ　あめ　きらい

ぶう　ぶう　ぶう

★かき　おわったら、もう　いちど、おんどくしましょう。

（令和二年度版　東京書籍　あたらしいこくご　一上　とよた　かずひこ）

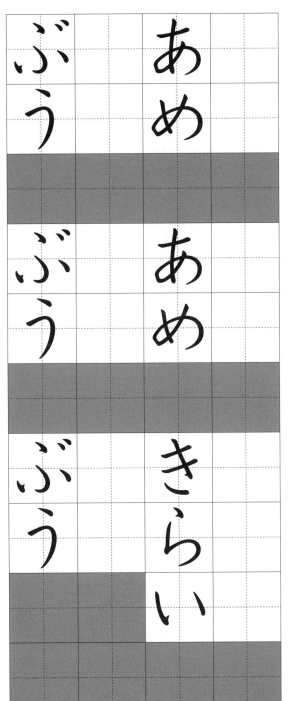

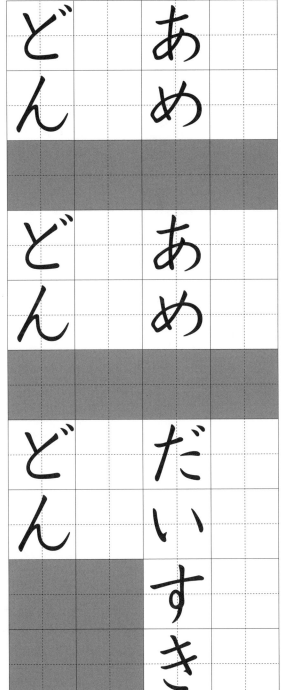

あめですよ ⑤

なまえ

しを　おんどくしてから、かき　うつしましょう。

あめ
あめ
だいすき

らん
らん
らん

あかい
かさ

あかい
ながぐつ

らん
らん
らん

★かき　おわったら、もう　いちど、おんどくしましょう。

（令和二年度版　東京書籍　あたらしいこくご　一上　とよた　かずひこ）

あめですよ ⑥

なまえ

しを　おんどくしてから、かき　うつしましょう。

あめ
あめ
だいすき

らん
らん
らん

あかい
かさ

あかい
ながぐつ

らん
らん
らん

★かき　おわったら、もう　いちど、おんどくしましょう。

（令和二年度版　東京書籍　あたらしいこくご　一上　とよた　かずひこ）

あめですよ ⑦

なまえ

しを　おんどくして、おぼえましょう。また、しを　かきましょう。

あめですよ

あめ　あめ　だいすき
とん　とん　とん

あめ　あめ　きらい
ふう　ふう　ふう

あめ　あめ　だいすき
どん　どん　どん

あめ　あめ　きらい
ぶう　ぶう　ぶう

あめ　あめ　だいすき
らん　らん　らん

あかい　かさ
あかい　ながぐつ
らん　らん　らん

★かき　おわったら、もう　いちど、おんどくしましょう。

（令和二年度版　東京書籍　あたらしいこくご　一上　とよた　かずひこ）

あめですよ ⑧

なまえ

しを あんしょうしましょう。おぼえたら かきましょう。

あめですよ

あ
あ
だ

と
と
と

あ
あ
き

ふ
ふ
ふ

あ
あ
だ

ど
ど
ど

あ
あ
き

ぶ
ぶ
ぶ

あ
あ
だ

ら
ら
ら

あ
か

あ
な

ら
ら
ら

★かき おわったら、もう いちど、おんどくしましょう。

（令和二年度版 東京書籍 あたらしいこくご 一上 とよた かずひこ）

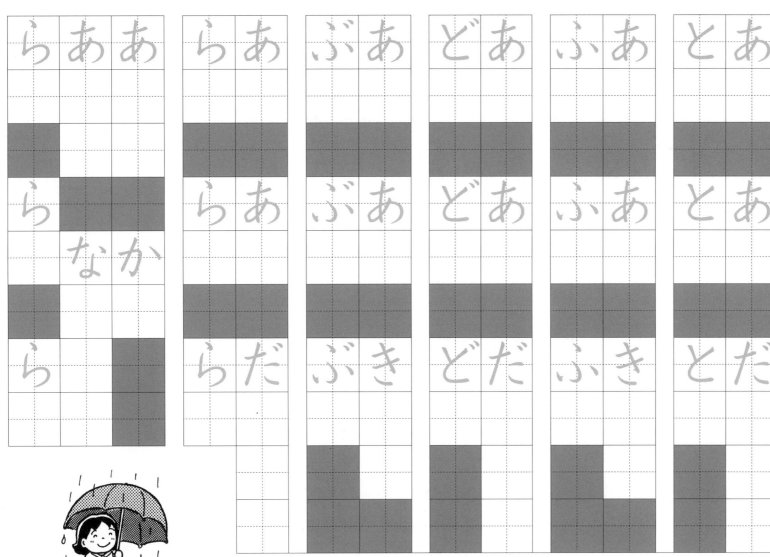

はなの　みち ①

ぶんしょうを　おんどくしてから、かき　うつしましょう。

なまえ

くまさんが、
ふくろを　みつけました。
「おや、なにかな。
いっぱい
はいって　いる。」

くまさんが、
ふくろを　みつけました。
「おや、なにかな。
いっぱい
はいって　いる。」

★かき　おわったら、もう　いちど、おんどくしましょう。

（令和二年度版　光村図書　こくご　一上　かざぐるま　おか　のぶこ）

はなの　みち　②

ぶんしょうを　おんどくしてから、かき　うつしましょう。

なまえ

くまさんが、
ふくろを　みつけました。
「おや、なにかな。
いっぱい
はいって　いる。」

★かき　おわったら、もう　いちど、おんどくしましょう。

（令和二年度版　光村図書　こくご　一上　かざぐるま　おか　のぶこ）

はなの　みち　③

ぶんしょうを　おんどくしてから、かき　うつしましょう。

なまえ

くまさんが、
くまさんが、
ともだちの
ともだちの
りすさんに、
りすさんに、
ききに　いきました。
ききに　いきました。

★かき　おわったら、もう　いちど、おんどくしましょう。

（令和二年度版　光村図書　こくご　一上　かざぐるま　おか　のぶこ）

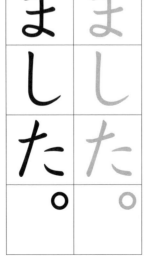

はなの　みち　④

なまえ

ぶんしょうを　おんどくしてから、かき　うつしましょう。

くまさんが、
ともだちの
りすさんに、
ききに
いきました。

★かき　おわったら、もう　いちど、おんどくしましょう。

（令和二年度版　光村図書　こくご　一上　かざぐるま　おか　のぶこ）

はなの　みち　⑤

ぶんしょうを　おんどくしてから、かき　うつしましょう。

なまえ

くまさんが、
くまさんが、
ふくろを　あけました。
ふくろを　あけました。
なにも　ありません。
なにも　ありません。
「しまった。
「しまった。
あながあいて　いた。」
あながあいて　いた。」

★かき　おわったら、もう　いちど、おんどくしましょう。

（令和二年度版　光村図書　こくご　一上　かざぐるま　おか　のぶこ）

はなの　みち　⑥

なまえ

ぶんしょうを　おんどくしてから、かき　うつしましょう。

くまさんが、
ふくろを
あけました。
なにも
ありません。
「しまった。
あなが
あいて
いた」。

★かき　おわったら、もう　いちど、おんどくしましょう。

（令和二年度版　光村図書　こくご　一上　かざぐるま　おか　のぶこ）

はなの　みち　⑦

ぶんしょうを　おんどくしてから、かき　うつしましょう。

なまえ

あたたかい　かぜが
あたたかい　かぜが
ふきはじめました。
ふきはじめました。

ながい　ながい、
ながい　ながい、
はなの
はなの
いっぽんみちが
いっぽんみちが
できました。
できました。

★かき　おわったら、もう　いちど、おんどくしましょう。

(令和二年度版　光村図書　こくご　一上　かざぐるま　おか　のぶこ)

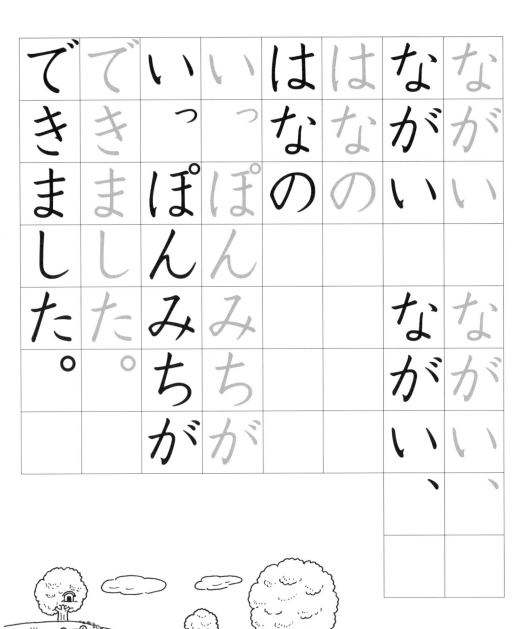

はなの みち ⑧

なまえ

ぶんしょうを おんどくしてから、かき うつしましょう。

あたたかい
かぜが
ふきはじめました。
ながい
ながい、
はなの
いっぽんみちが
できました。

★かき おわったら、もう いちど、おんどくしましょう。

（令和二年度版 光村図書 こくご 一上 かざぐるま おか のぶこ）

くちばし ①

なまえ

ぶんしょうを　おんどくしてから、かき　うつしましょう。

いろいろな　とりの
いろいろな　とりの
くちばしの　かたちを
くちばしの　かたちを
みて　みましょう。
みて　みましょう。

★かき　おわったら、もう　いちど、おんどくしましょう。

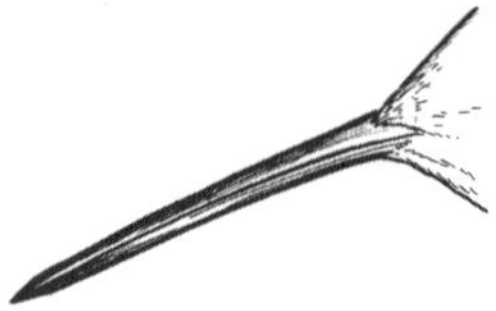

（令和二年度版　光村図書　こくご　一上　かざぐるま　むらた　こういち）

くちばし ②

なまえ

ぶんしょうを　おんどくしてから、かき　うつしましょう。

いろいろな　とりの
くちばしの　かたちを
みて　みましょう。

★かき　おわったら、もう　いちど、おんどくしましょう。

（令和二年度版　光村図書　こくご　一上　かざぐるま　むらた　こういち）

くちばし ③

なまえ

ぶんしょうを　おんどくしてから、かき　うつしましょう。

さきが　するどく
とがった　くちばしです。
さきが　するどく
とがった　くちばしです。
これは、なんの
くちばしでしょう。
これは、なんの
くちばしでしょう。
これは、きつつきの
くちばしです。
これは、きつつきの
くちばしです。

★かき　おわったら、もう　いちど、おんどくしましょう。

（令和二年度版　光村図書　こくご　一上　かざぐるま　むらた　こういち）

くちばし ④

なまえ

ぶんしょうを　おんどくしてから、かき　うつしましょう。

さきが　するどく
とがった　くちばしです。
これは、なんの
くちばしでしょう。
これは、きつつきの
くちばしです。

★かき　おわったら、もう　いちど、おんどくしましょう。

（令和二年度版　光村図書　こくご　一上　かざぐるま　むらた　こういち）

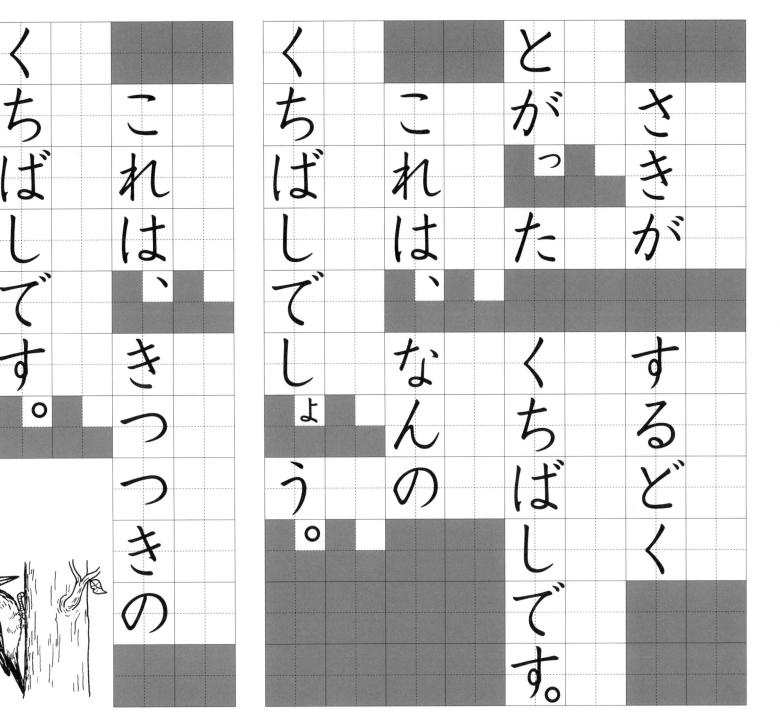

くちばし ⑤

ぶんしょうを　おんどくしてから、かき　うつしましょう。

なまえ

きつつきは、
とがった　くちばしで、
きに　あなを　あけます。
そして、きの　なかに
いる　むしを　たべます。

★かき　おわったら、もう　いちど、おんどくしましょう。

（令和二年度版　光村図書　こくご　一上　かざぐるま　むらた　こういち）

くちばし ⑥

ぶんしょうを おんどくしてから、かき うつしましょう。

なまえ

きつつきは、
とがった くちばしで、
きに あなを あけます。
そして、きの なかに
いる むしを たべます。

★かき おわったら、もう いちど、おんどくしましょう。

（令和二年度版 光村図書 こくご 一上 かざぐるま むらた こういち）

おおきな　かぶ　①

なまえ

ぶんしょうを　おんどくしてから、かき　うつしましょう。

おじいさんが、かぶの
たねを　まきました。
「あまい　あまい
かぶに　なれ。
おおきな　おおきな
かぶに　なれ。」

★かき　おわったら、もう　いちど、おんどくしましょう。

（令和二年度版　光村図書　こくご　一上　かざぐるま　ロシアの民謡　さいごう　たけひこ　やく）
※「おおきな　かぶ」は東京書籍、教育出版にも掲載されています。

おおきな　かぶ　②

なまえ

ぶんしょうを　おんどくしてから、かき　うつしましょう。

おじいさんが、かぶの
たねを
まきました。

「あまい
あまい
かぶに
なれ。
おおきな
おおきな
かぶに
なれ。」

★かき　おわったら、もう　いちど、おんどくしましょう。

（令和二年度版　光村図書　こくご　一上　かざぐるま　ロシアの民謡　さいごう　たけひこ　やく）
※「おおきな　かぶ」は東京書籍、教育出版にも掲載されています。

おおきな　かぶ　③

なまえ

ぶんしょうを　おんどくしてから、かき　うつしましょう。

あまい　あまい、
あまい　あまい、
おおきな　おおきな
おおきな　おおきな
かぶに　なりました。
かぶに　なりました。

★かき　おわったら、もう　いちど、おんどくしましょう。

（令和二年度版　光村図書　こくご　一上　かざぐるま　ロシアの民話　さいごう　たけひこ　やく）
※「おおきな　かぶ」は東京書籍、教育出版にも掲載されています。

おおきな かぶ ④

なまえ

ぶんしょうを おんどくしてから、かき うつしましょう。

あまい
あまい、
おおきな
おおきな
かぶに
なりました。

★かき おわったら、もう いちど、おんどくしましょう。

（令和二年度版 光村図書 こくご 一上 かざぐるま ロシアの民謡 さいごう たけひこ やく）
※「おおきな かぶ」は東京書籍、教育出版にも掲載されています。

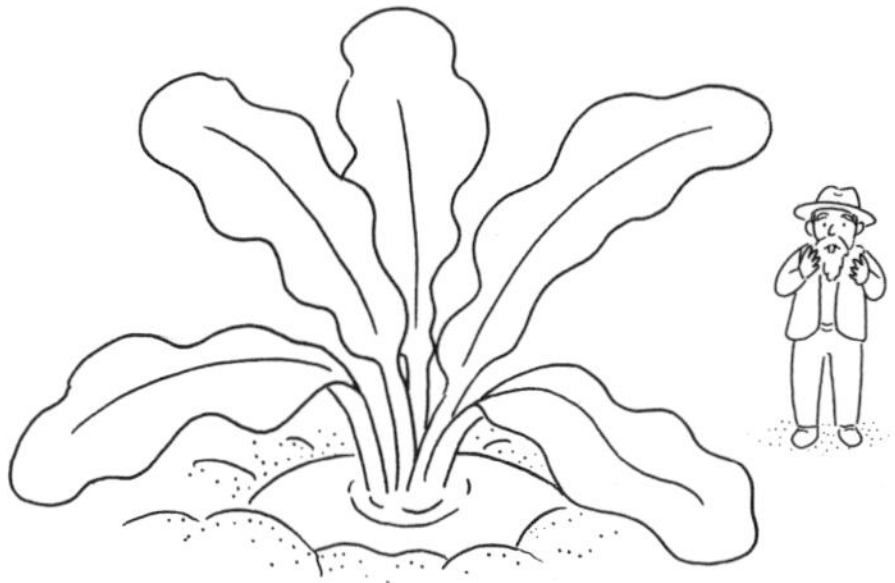

おおきな かぶ ⑤

なまえ

ぶんしょうを おんどくしてから、かき うつしましょう。

ねこは、ねずみを
ねこは、ねずみを
よんで きました。
よんで きました。
かぶを
かぶを
おじいさんが ひっぱって、
おじいさんが ひっぱって、
おじいさんを
おじいさんを
おばあさんが ひっぱって、
おばあさんが ひっぱって、

★かき おわったら、もう いちど、おんどくしましょう。

（令和二年度版 光村図書 こくご 一上 かざぐるま ロシアの民謡 さいごう たけひこ やく）
※「おおきな かぶ」は東京書籍、教育出版にも掲載されています。

おおきな かぶ ⑥

なまえ

ぶんしょうを おんどくしてから、かき うつしましょう。

ねこは、
ねずみを
よんで
きました。
かぶを
おじいさんが ひっぱって、
おじいさんを
おばあさんが ひっぱって、

★かき おわったら、もう いちど、おんどくしましょう。

（令和二年度版 光村図書 こくご 一上 かざぐるま ロシアの民謡 さいごう たけひこ やく）
※「おおきな かぶ」は東京書籍、教育出版にも掲載されています。

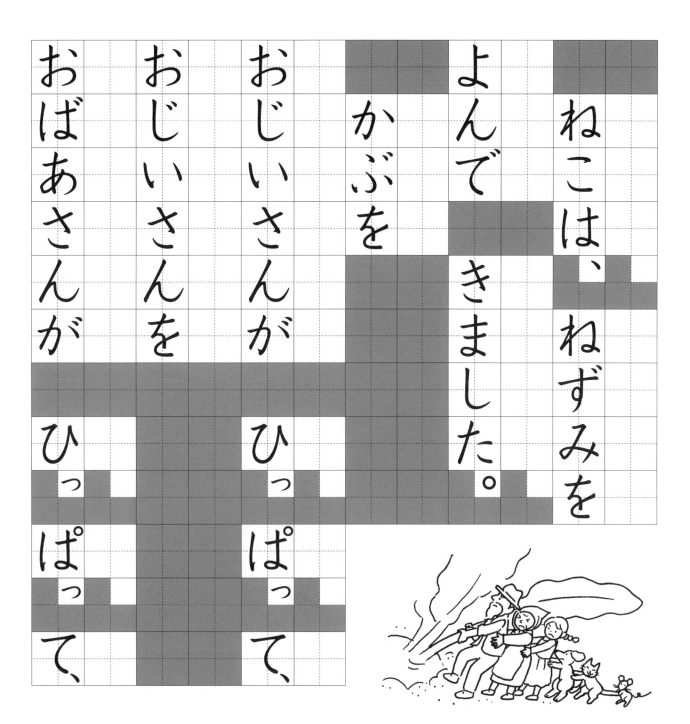

おおきな　かぶ　⑦

なまえ

ぶんしょうを　おんどくしてから、かき　うつしましょう。

おばあさんを
まごが　ひっぱって、
まごを
いぬが　ひっぱって、
いぬを
ねこが　ひっぱって、

★かき　おわったら、もう　いちど、おんどくしましょう。

（令和二年度版　光村図書　こくご　一上　かざぐるま　ロシアの民謡　さいごう　たけひこ　やく）
※「おおきな　かぶ」は東京書籍、教育出版にも掲載されています。

おおきな　かぶ　⑧

なまえ

ぶんしょうを　おんどくしてから、かき　うつしましょう。

おばあさんを
まごが
ひっぱって、
まごを
いぬが
ひっぱって、
いぬを
ねこが
ひっぱって、

★かき　おわったら、もう　いちど、おんどくしましょう。

（令和二年度版　光村図書　こくご　一上　かざぐるま　ロシアの民謡　さいごう　たけひこ　やく）
※「おおきな　かぶ」は東京書籍、教育出版にも掲載されています。

おおきな かぶ ⑨

なまえ

ぶんしょうを おんどくしてから、かき うつしましょう。

ねこを
ねずみが ひっぱって、
「うんとこしょ、
どっこいしょ」。
とうとう、
かぶは ぬけました。

★かき おわったら、もう いちど、おんどくしましょう。

（令和二年度版 光村図書 こくご 一上 かざぐるま ロシアの民謡 さいごう たけひこ やく）
※「おおきな かぶ」は東京書籍、教育出版にも掲載されています。

おおきな　かぶ　⑩

なまえ

ぶんしょうを　おんどくしてから、かき　うつしましょう。

ねこを
ねずみが　ひっぱって、
「うんとこしょ、
どっこいしょ」。
とうとう、
かぶは　ぬけました。

★かき　おわったら、もう　いちど、おんどくしましょう。

（令和二年度版　光村図書　こくご　一上　かざぐるま　ロシアの民謡　さいごう　たけひこ　やく）
※「おおきな　かぶ」は東京書籍、教育出版にも掲載されています。

どう やって みを まもるのかな ①

なまえ

ぶんしょうを おんどくしてから、かき うつしましょう。

これは、やまあらしです。
これは、やまあらしです。
やまあらしの
やまあらしの
せなかには、ながくて
せなかには、ながくて
かたい とげが あります。
かたい とげが あります。
どのように して
どのように して
みを まもるので しょう。
みを まもるので しょう。

★かき おわったら、もう いちど、おんどくしましょう。

（令和二年度版 東京書籍 あたらしいこくご 一上「どう やって みを まもるのかな」による）

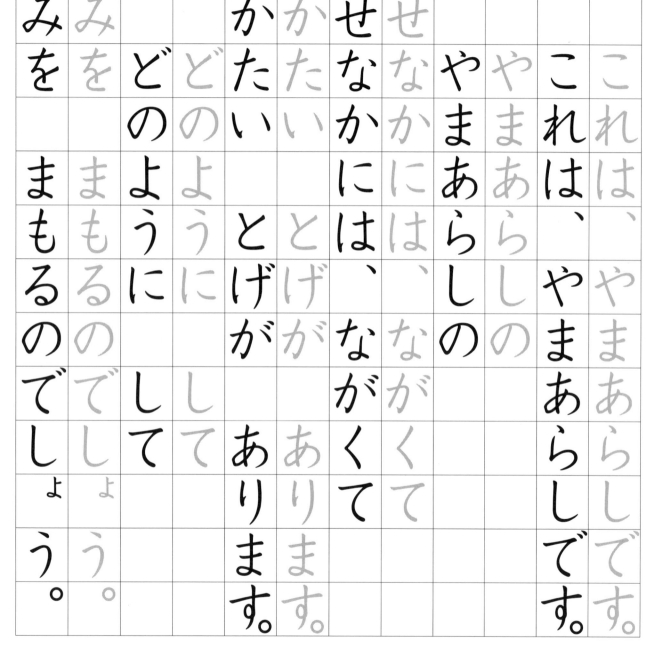

どう　やって　みを　まもるのかな　②

なまえ

ぶんしょうを　おんどくしてから、かき　うつしましょう。

これは、やまあらしです。

やまあらしの

せなかには、ながくて

かたい　とげが　あります。

どのように　して

みを　まもるのでしょう。

★かき　おわったら、もう　いちど、おんどくしましょう。

（令和二年度版　東京書籍　あたらしいこくご　一上「どう　やって　みを　まもるのかな」による）

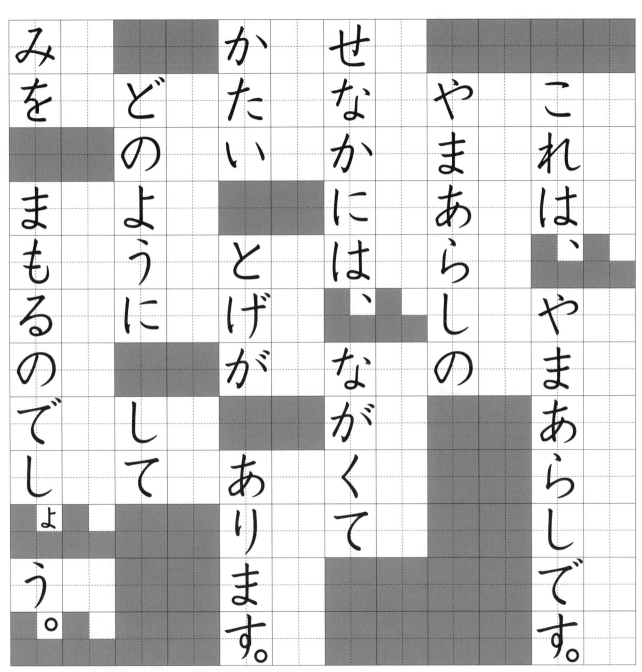

どう やって みを まもるのかな ③

なまえ

ぶんしょうを おんどくしてから、かき うつしましょう。

やまあらしは、
やまあらしは、
とげを たてて、
とげを たてて、
みを まもります。
みを まもります。
てきが きたら、
てきが きたら、
うしろむきに なって、
うしろむきに なって、
とげを たてます。
とげを たてます。

★かき おわったら、もう いちど、おんどくしましょう。

（令和二年度版 東京書籍 あたらしいこくご 一上「どう やって みを まもるのかな」による）

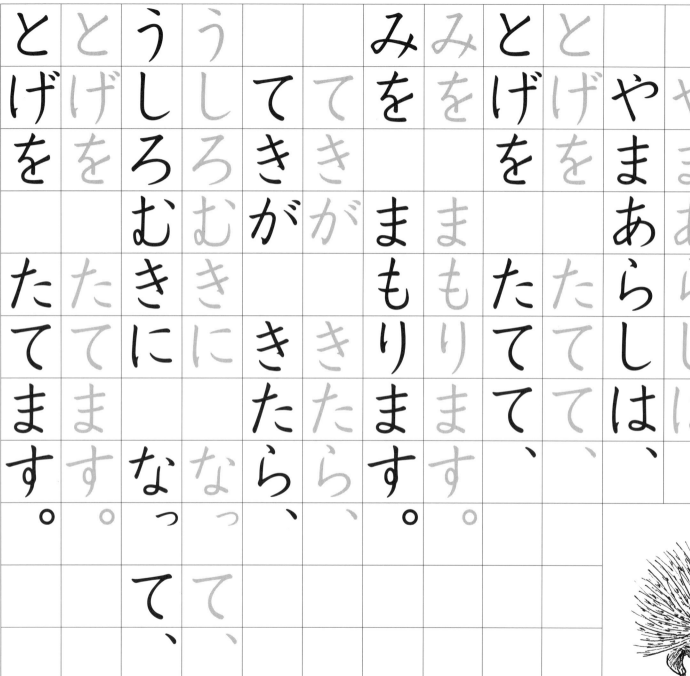

どう やって みを まもるのかな ④

なまえ

ぶんしょうを おんどくしてから、かき うつしましょう。

やまあらしは、
とげを たてて、
みを まもります。
てきが きたら、
うしろむきに なって、
とげを たてます。

★かき おわったら、もう いちど、おんどくしましょう。

（令和二年度版 東京書籍 あたらしいこくご 一上「どう やって みを まもるのかな」による）

おむすび　ころりん　①

なまえ

ぶんしょうを　おんどくしてから、かき　うつしましょう。

むかし　むかしの
むかし　むかしの
はなしだよ。
はなしだよ。
やまの　はたけを
やまの　はたけを
たがやして、
たがやして、
おなかが　すいた
おなかが　すいた
おじいさん。
おじいさん。

★かき　おわったら、もう　いちど、おんどくしましょう。

（令和二年度版　光村図書　こくご　一上　かざぐるま　はそべ　ただし）

おむすび　ころりん　②

なまえ

ぶんしょうを　おんどくしてから、かき　うつしましょう。

むかし　むかしの
はなしだよ。
やまの　はたけを
たがやして、
おなかが　すいた
おじいさん。

★かき　おわったら、もう　いちど、おんどくしましょう。

（令和二年度版　光村図書　こくご　一上　かざぐるま　はそべ　ただし）

おむすび　ころりん　③

ぶんしょうを　おんどくしてから、かき　うつしましょう。

なまえ

そろそろ　おむすび
たべようか。
つつみを　ひろげた
そのとたん、

★かき　おわったら、もう　いちど、おんどくしましょう。

（令和二年度版　光村図書　こくご　一上　かざぐるま　はそべ　ただし）

おむすび　ころりん　④

なまえ

ぶんしょうを　おんどくしてから、かき　うつしましょう。

そろそろ　おむすび
たべようか。
つつみを　ひろげた
その　とたん、

★かき　おわったら、もう　いちど、おんどくしましょう。

（令和二年度版　光村図書　こくご　一上　かざぐるま　はそべ　ただし）

おむすび　ころりん　⑤

なまえ

ぶんしょうを　おんどくしてから、かき　うつしましょう。

おむすび　ひとつ
おむすび　ひとつ
ころがって、
ころがって、
ころころ　ころりん
ころころ　ころりん
かけだした。
かけだした。

★かき　おわったら、もう　いちど、おんどくしましょう。

（令和二年度版　光村図書　こくご　一上　かざぐるま　はそべ　ただし）

おむすび　ころりん　⑥

なまえ

ぶんしょうを　おんどくしてから、かき　うつしましょう。

おむすび　ひとつ

ころがって、

ころころ　ころりん

かけだした。

★かき　おわったら、もう　いちど、おんどくしましょう。

（令和二年度版　光村図書　こくご　一上　かざぐるま　はそべ　ただし）

おむすび　ころりん　⑦

なまえ

ぶんしょうを　おんどくしてから、かき　うつしましょう。

まて　まて　まてと
まて　まて　まてと
おじいさん、
おじいさん、
おいかけて　いったら
おいかけて　いったら
おむすびは、
おむすびは、

★かき　おわったら、もう　いちど、おんどくしましょう。

（令和二年度版　光村図書　こくご　一上　かざぐるま　はそべ　ただし）

おむすび　ころりん　⑧

なまえ

ぶんしょうを　おんどくしてから、かき　うつしましょう。

まて
まて
まてと
おじいさん、
おいかけて
いったら
おむすびは、

★かき　おわったら、もう　いちど、おんどくしましょう。

（令和二年度版　光村図書　こくご　一上　かざぐるま　はそべ　ただし）

おむすび　ころりん　⑨

なまえ

ぶんしょうを　おんどくしてから、かき　うつしましょう。

はたけの　すみの
はたけの　すみの
あなの　なか、
あなの　なか、
すっとんとんと
すっとんとんと
とびこんだ。
とびこんだ。

★かき　おわったら、もう　いちど、おんどくしましょう。

（令和二年度版　光村図書　こくご　一上　かざぐるま　はそべ　ただし）

おむすび　ころりん　⑩

なまえ

ぶんしょうを　おんどくしてから、かき　うつしましょう。

はたけの
すみの
あなの
なか、
すっ
とんとんと
とびこんだ。

★かき　おわったら、もう　いちど、おんどくしましょう。

（令和二年度版　光村図書　こくご　一上　かざぐるま　はそべ　ただし）

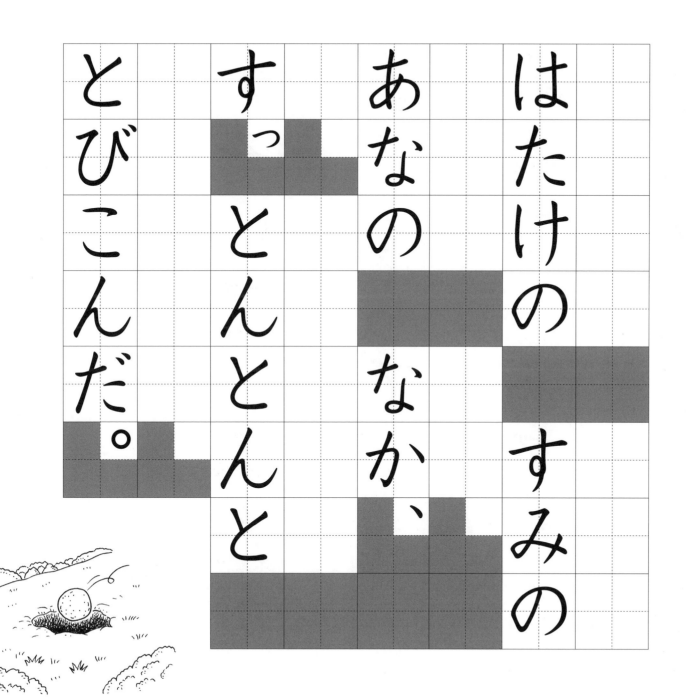

おむすび　ころりん　⑪

なまえ

ぶんしょうを　おんどくしてから、かき　うつしましょう。

のぞいて　みたが
のぞいて　みたが
まっくらで、
まっくらで、
みみを　あてたら
みみを　あてたら
きこえたよ。
きこえたよ。

★かき　おわったら、もう　いちど、おんどくしましょう。

（令和二年度版　光村図書　こくご　一上　かざぐるま　はそべ　ただし）

おむすび　ころりん　⑫

なまえ

ぶんしょうを　おんどくしてから、かき　うつしましょう。

のぞいて　みたが

まっくらで、

みみを　あてたら

きこえたよ。

★かき　おわったら、もう　いちど、おんどくしましょう。

（令和二年度版　光村図書　こくご　一上　かざぐるま　はそべ　ただし）

おむすび　ころりん　⑬

なまえ

ぶんしょうを　おんどくしてから、かき　うつしましょう。

おむすび　ころりん

すっとんとん。

ころころ　ころりん

すっとんとん。

★かき　おわったら、もう　いちど、おんどくしましょう。

（令和二年度版　光村図書　こくご　一上　かざぐるま　はそべ　ただし）

おむすび ころりん ⑭

なまえ

ぶんしょうを おんどくしてから、かき うつしましょう。

おむすび
ころりん
すっとんとん。
ころころ
ころりん
すっとんとん。

★かき おわったら、もう いちど、おんどくしましょう。

（令和二年度版 光村図書 こくご 一上 かざぐるま はそべ ただし）

いちねんせいの うた ①

なまえ

しを おんどくしてから、かき うつしましょう。

いちねんせいの うた

あおい
そらの
あおい
そらの
こくばんに
こくばんに
なに
かこう
なに
かこう

★かき おわったら、もう いちど、おんどくしましょう。

（令和二年度版 光村図書 こくご 一上 かざぐるま なかがわ りえこ）

いちねんせいの　うた　②

なまえ

しを　おんどくしてから、かき　うつしましょう。

いちねんせいの　うた

あおい　そらの
こくばんに
なに　かこう

★かき　おわったら、もう　いちど、おんどくしましょう。

（令和二年度版　光村図書　こくご　一上　かざぐるま　なかがわ　りえこ）

いちねんせいの うた ③

しを おんどくしてから、かき うつしましょう。

なまえ

うでを のばし

うでを のばし

ちからを こめて

ちからを こめて

まっすぐ

まっすぐ

いちねんせいの 一

いちねんせいの 一《いち》

★かき おわったら、もう いちど、おんどくしましょう。

（令和二年度版 光村図書 こくご 一上 かざぐるま なかがわ りえこ）

いちねんせいの うた ④

なまえ

しを おんどくしてから、かき うつしましょう。

うでを のばし

ちからを こめて

まっすぐ

いちねんせいの 一《いち》

★かき おわったら、もう いちど、おんどくしましょう。

（令和二年度版 光村図書 こくご 一上 かざぐるま なかがわ りえこ）

いちねんせいの　うた　⑤

なまえ

しを　おんどくしてから、かき　うつしましょう。

ぼくも　かく
ぼくも　かく

わたしも　かく
わたしも　かく

いちねんせいの　一《いち》
いちねんせいの　一

いちばんの　はじめの　一《いち》
いちばんの　はじめの　一

おひさま　みてる
おひさま　みてる

かぜが　ふく
かぜが　ふく

★かき　おわったら、もう　いちど、おんどくしましょう。

（令和二年度版　光村図書　こくご　一上　かざぐるま　なかがわ　りえこ）

いちねんせいの うた ⑥

なまえ

しを おんどくしてから、かき うつしましょう。

ぼくも かく

わたしも かく

いちねんせいの 一《いち》

いちばんはじめの 一《いち》

おひさま みてる

かぜが ふく

★かき おわったら、もう いちど、おんどくしましょう。

（令和二年度版 光村図書 こくご 一上 かざぐるま なかがわ りえこ）

いちねんせいの うた ⑦

なまえ

しを おんどくして、おぼえましょう。また、しを かきましょう。

あおい そらの
こくばんに
なに かこう

うでを のばし
ちからを こめて
まっすぐ

いちねんせいの 一《いち》
ぼくも かく
わたしも かく
いちねんせいの 一《いち》
いちばん はじめの 一《いち》

おひさま みてる
かぜが ふく

★かき おわったら、もう いちど、おんどくしましょう。

（令和二年度版 光村図書 こくご 一上 かざぐるま なかがわ りえこ）

いちねんせいの うた ⑧

なまえ

しを あんしょうしましょう。おぼえたら かきましょう。

あ　そ
こ
な　か

う　の
ち　こ
ま
い　一《いち》

ぼ　か
わ　か
い　一《いち》
い　は　一《いち》

お　み
か　ふ

★かき おわったら、もう いちど、おんどくしましょう。

（令和二年度版 光村図書 こくご 一上 かざぐるま なかがわ りえこ）

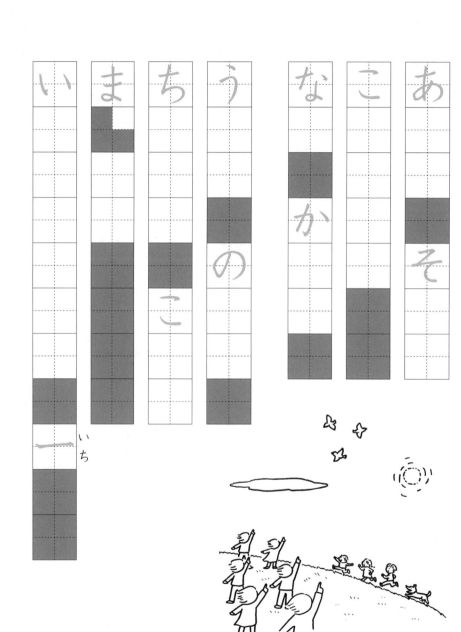

おおきく なあれ ①

なまえ

しを おんどくしてから、かき うつしましょう。

おおきく なあれ

さかた ひろお

あめの
つぶつぶ

ブドウに
はいれ

ぷるん
ぷるん
ちゅるん

ぷるん
ぷるん
ちゅるん

おもく
なれ

あまく
なれ

★かき おわったら、もう いちど、おんどくしましょう。

（令和二年度版 東京書籍 あたらしいこくご 一上 さかた ひろお）

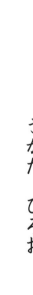

おおきく　なあれ　②

なまえ

しを　おんどくしてから、かき　うつしましょう。

おおきく　なあれ

さかた　ひろお

あめの
つぶつぶ
ブドウに
はいれ
ぷるん
ぷるん
ちゅるん
ぷるん
ぷるん
ちゅるん
おもく
なれ
あまく
なれ

★かき　おわったら、もう　いちど、おんどくしましょう。

（令和二年度版　東京書籍　あたらしいこくご　一上　さかた　ひろお）

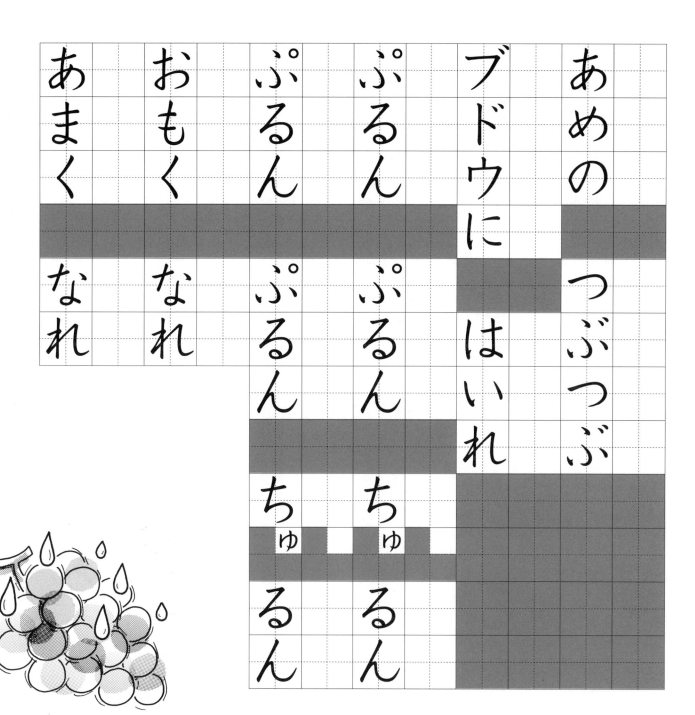

おおきく なあれ ③

なまえ

しを おんどくしてから、かき うつしましょう。

あめの
つぶつぶ
リンゴに
はいれ
ぷるん
ぷるん
ちゅるん
ぷるん
ぷるん
ちゅるん
おもく
なれ
あかく
なれ

★かき おわったら、もう いちど、おんどくしましょう。

（令和二年度版 東京書籍 あたらしいこくご 一上 さかた ひろお）

おおきく なあれ ④

なまえ

しを おんどくしてから、かき うつしましょう。

あめの
つぶつぶ
リンゴに
はいれ
ぷるん ぷるん
ちゅるん
ぷるん ぷるん
ちゅるん
おもく なれ
あかく なれ

★かき おわったら、もう いちど、おんどくしましょう。

（令和二年度版 東京書籍 あたらしいこくご 一上 さかた ひろお）

おおきく　なあれ　⑤

なまえ

しを　おんどくして、おぼえましょう。また、しを　かきましょう。

おおきく　なあれ

さかた　ひろお

あめの　つぶつぶ
ブドウに　はいれ
ぷるん　ぷるん　ちゅるん
ぷるん　ぷるん　ちゅるん
おもく　なれ
あまく　なれ

あめの　つぶつぶ
リンゴに　はいれ
ぷるん　ぷるん　ちゅるん
ぷるん　ぷるん　ちゅるん
おもく　なれ
あかく　なれ

★かき　おわったら、もう　いちど、おんどくしましょう。

（令和二年度版　東京書籍　あたらしいこくご　一上　さかた　ひろお）

おおきく なあれ ⑥

なまえ

しを あんしょうしましょう。おぼえたら かきましょう。

おおきく なあれ

さかた ひろお

あ つ
ブ は
ぷ ぷ ち
ぷ ぷ ち
お な
あ な

あ つ
り は
ぷ ぷ ち
ぷ ぷ ち
お な
あ な

★かき おわったら、もう いちど、おんどくしましょう。

（令和二年度版 東京書籍 あたらしいこくご 一上 さかた ひろお）

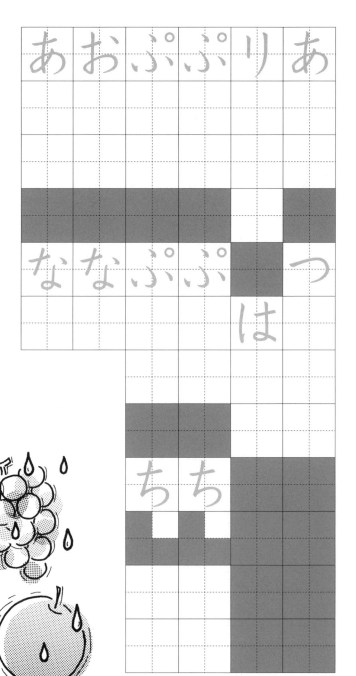

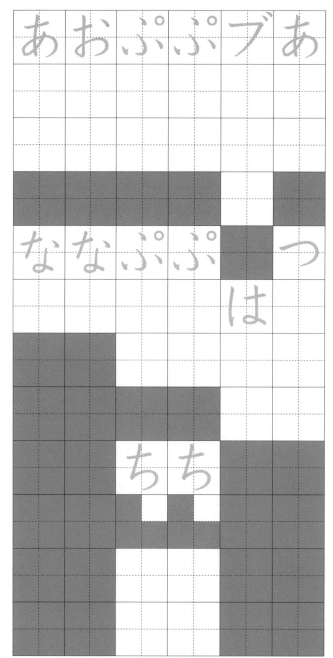

うごきことばを つかった ぶんづくり ①-(1) 「――が」

なまえ

● えを みて ぶんを つくりましょう。
ていねいに かきましょう。

①

いぬが、はしる。

②

とりが、とぶ。

③

さるが、たべる。

④

ねこが、ねる。

⑤

さくらが、さく。

⑥

ぞうが、あるく。

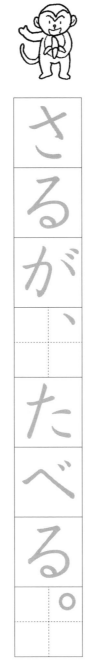

うごきことばを つかった ぶんづくり ①-(2) 「――が」

なまえ

● えを みて 「――が、――。」の ぶんを つくりましょう。

① とりが、とぶ。

② うまが、

③ ぞうが、

④ さかなが、

⑤ うさぎが、

うごきことばを　つかった　ぶんづくり　②-(1)「――を」

なまえ

● えを　みて　ぶんを　つくりましょう。
ていねいに　かきましょう。

①

くつを　はく。

②

ふくを　きる。

③

かさを　さす。

④

はを　みがく。

⑤

えほんを　よむ。

⑥

うたを　うたう。

うごきことばを　つかった　ぶんづくり　②-(2)　「――を」

なまえ

● えを　みて　「――を――。」の　ぶんを　つくりましょう。

① かおをあらう。

② くつを

③ ほんを

④ は

⑤ りんご

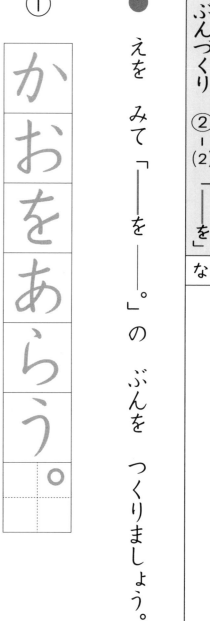

ようすことばを つかった ぶんづくり ①

なまえ

● えを みて ようすを あらわす ぶんを つくりましょう。

①

なぞりましょう。

たかいやまです。

かきましょう。

たかいやまです。

②

なぞりましょう。

ひくいやまです。

かきましょう。

ひくいやまです。

③

なぞりましょう。

おおきいてです。

かきましょう。

おおきいてです。

④

なぞりましょう。

ちいさいてです。

かきましょう。

ちいさいてです。

ようすことばを　つかった　ぶんづくり　②

なまえ

● えを　みて　ようすを　あらわす　ぶんを　つくりましょう。

①

ていねいに　なぞりましょう。

かばんが　おもいです。

かきましょう。

かばんが　おもいです。

②

ていねいに　なぞりましょう。

かばんが　かるいです。

かきましょう。

かばんが　かるいです。

③

ていねいに　なぞりましょう。

おゆが　あついです。

かきましょう。

おゆが　あついです。

④

ていねいに　なぞりましょう。

みずが　つめたいです。

かきましょう。

みずが　つめたいです。

ようすことばを　つかった　ぶんづくり　③

なまえ

● えを　みて　ようすを　あらわす　ぶんを　つくりましょう。

(1)

① ふとい

きがふといです。

② ほそい

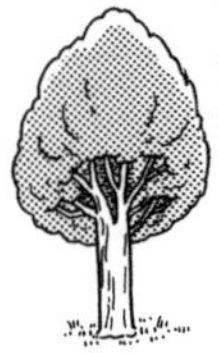

が　　です。

(2)

① せまい

にわがせまいです。

② ひろい

が　　　　です。

(3)

① ふかい

かわがふかいです。

② あさい

が　　　　です。

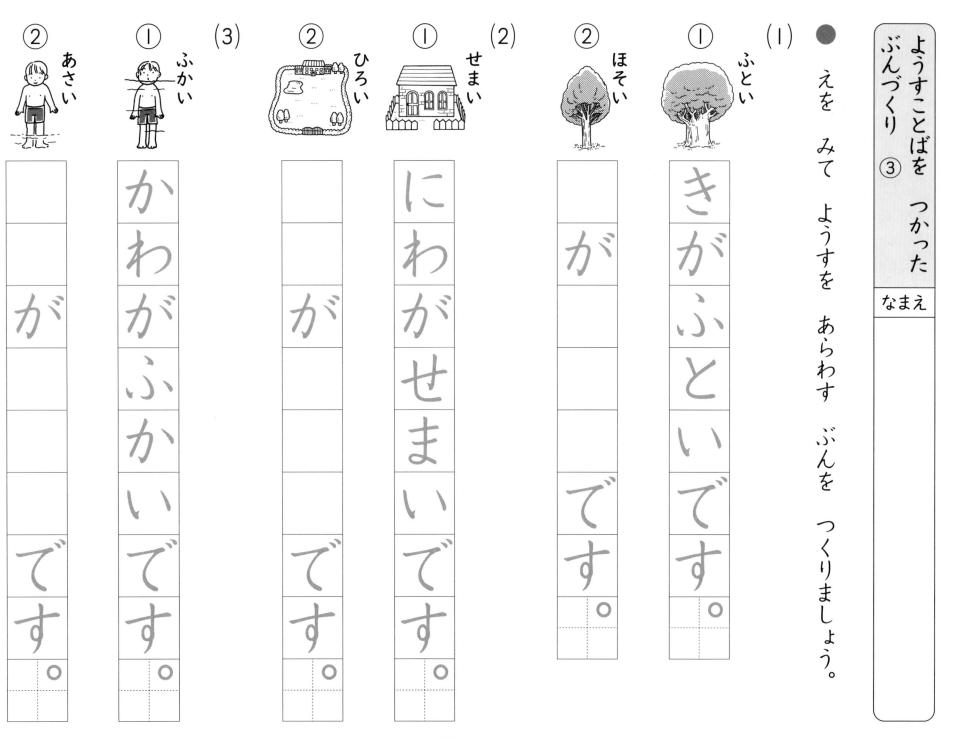

ようすことばを　つかった　ぶんづくり　④

なまえ

● えを　みて　ようすを　あらわす　ぶんを　つくりましょう。

(1)

① はやい

はやいくるまです。

② おそい

　　　くるまです。

(2)

① おもい

おもいいしです。

② かるい

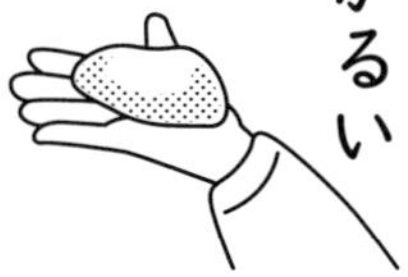

　　　　　です。

(3)

① あまい

あまいかきです。

② しぶい

　　　　　です。

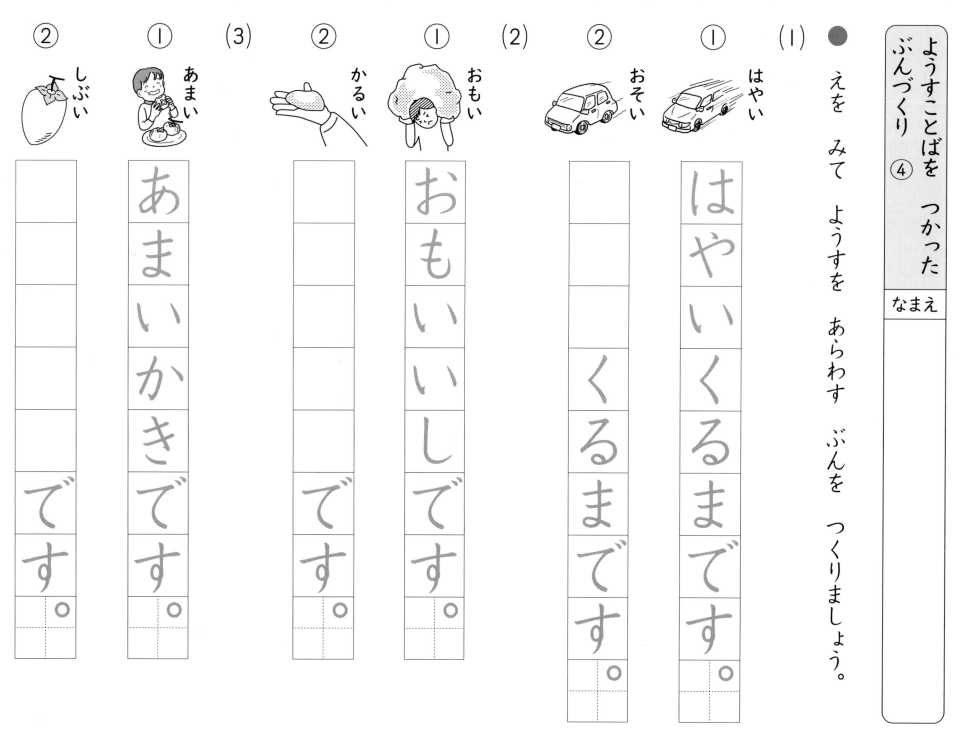

なまえ

● えを　みて　ぶんを　つくりましょう。
□の　ことばを　つかいましょう。

①

うれしい　きもちです。

②

きもちです。

③

きもちです。

④

きもちです。

うれしい　やさしい　たのしい　かなしい

ようすことばを　つかった　ぶんづくり　⑤-(2)
きもちを　あらわす　ことば

なまえ

● えを　みて　ぶんを　つくりましょう。
□の　ことばを　つかいましょう。

①

おばけは、こわいです。

②

なつは、　　　です。

③

ふゆは、　　　です。

④

あしが、　　　です。

こわい　いたい　さむい　あつい

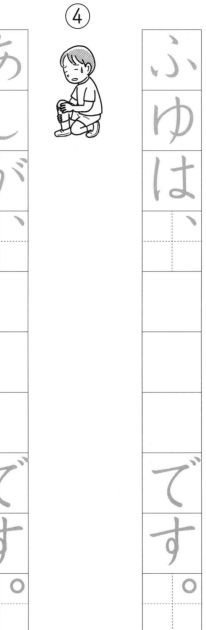

くっつきの「が」を　つかった　ぶんづくり　①

なまえ

● えを　みて　ぶんを　つくりましょう。

①

なぞりましょう。

いぬがほえます。

かきましょう。

が

②

なぞりましょう。

わたしがはなします。

かきましょう。

わたし

③

なぞりましょう。

あにがはしります。

かきましょう。

あに

くっつきの「が」を　つかった　ぶんづくり　②

なまえ

● えを　みて　ぶんを　つくりましょう。

①

なぞりましょう。

かぜが　ふきます。

かきましょう。

かぜ

②

なぞりましょう。

あめが　ふります。

かきましょう。

あめ

③

なぞりましょう。

みちが　できます。

かきましょう。

みち

ちいさい「っ」の ことばを つかった ぶんづくり ①

なまえ

● えを みて ぶんを つくりましょう。
ちいさい「っ」に きを つけて かきましょう。

①

なぞりましょう。

ねこがいます。

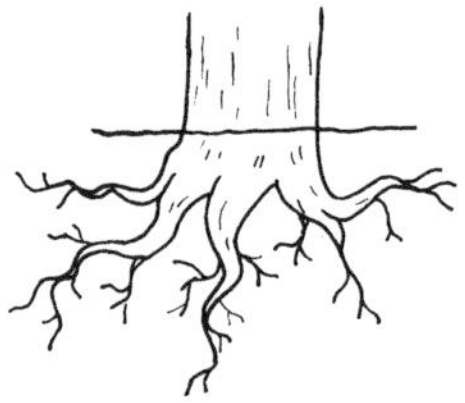

なぞりましょう。

ねっこがあります。

かきましょう。

が　　　。

②

なぞりましょう。

きくがさきました。

なぞりましょう。

きっくをします。

かきましょう。

を　　　。

ちいさい「っ」の ことばを つかった ぶんづくり ②

なまえ

● えを みて ぶんを つくりましょう。
ちいさい「っ」に きを つけて かきましょう。

①

なぞりましょう。

らっこが およぎます。

かきましょう。

らっこが およぎます。

②

なぞりましょう。

ばったが はねます。

かきましょう。

ばったが はねます。

③

なぞりましょう。

はっぱが おちます。

かきましょう。

はっぱが おちます。

④

なぞりましょう。

らっぱが なります。

かきましょう。

らっぱが なります。

くっつきの「は」を　つかった　ぶんづくり　①

なまえ

● えを　みて、「――は、――です。」の　ぶんを　つくりましょう。

①

なぞりましょう。

せみは、むしです。

かきましょう。

②

なぞりましょう。

かもめは、とりです。

かきましょう。

③

なぞりましょう。

りんごは、くだものです。

かきましょう。

くっつきの「は」を つかった ぶんづくり ②

なまえ

● えを みて、「――は、――です。」の ぶんを つくりましょう。

①

なぞりましょう。

そらは、あおいです。

かきましょう。

は、

②

なぞりましょう。

くもは、しろいです。

かきましょう。

は、

③

なぞりましょう。

ひは、あついです。

かきましょう。

④

なぞりましょう。

あめは、あまいです。

かきましょう。

くっつきの「は」を つかった ぶんづくり ③

なまえ

● えを みて、「――は、――ます。」の ぶんを つくりましょう。

①

なぞりましょう。

うさぎは、はねます。

かきましょう。

は、

②

なぞりましょう。

こいは、およぎます。

かきましょう。

は、

③

なぞりましょう。

ばすは、はしります。

かきましょう。

④

なぞりましょう。

とりは、とびます。

かきましょう。

くっつきの「は」を つかった ぶんづくり ④

なまえ

● □に「わ」か「は」を かいて、えに あう ぶんを つくりましょう。

①

か わ は、ながれます。

②

わ に□、こわいです。

③

は と□、かわいいです。

④

わ たし□、こどもです。

⑤
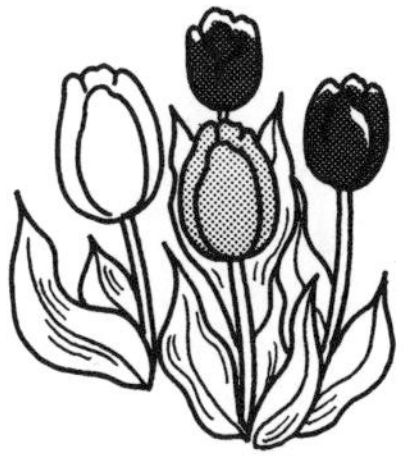

は な□、きれいです。

「のばすおん」を つかった ぶんづくり ①

なまえ

● 「のばすおん」に きを つけて、ぶんを かきましょう。

①

なぞりましょう。

おかあさんが、しいた
けをかいました。

かきましょう。

が、しいた
かいました。

②

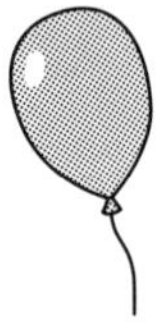

なぞりましょう。

おにいさんと、ふうせ
んであそびます。

かきましょう。

と、
で　。

「のばすおん」を つかった ぶんづくり ②

なまえ

(1) 「のばすおん」に きを つけて、ぶんを かきましょう。

① 

なぞりましょう。

おねえさんが、ぼうしをかぶります。

かきましょう。

② 

なぞりましょう。

おとうとが、えいがをみます。

かきましょう。

(2) えを みて、ぶんを つくりましょう。

「のばすおん」を つかった ぶんづくり ③
とくべつな のばす おん

なまえ

● 「のばすおん」に きを つけて、ぶんを かきましょう。

①

なぞりましょう。

とおくのみせで、かき
ごおりをたべました。

かきましょう。

のみせで、
をたべました。

②

なぞりましょう。

せんせいが、どうろで
こおろぎをみつけまし
た。

かきましょう。

が、で
を
。

くっつきの「を」を つかった ぶんづくり ①

なまえ

(1) えを みて、ぶんを つくりましょう。

①

なぞりましょう。

いぬが、みずをのみます。

かきましょう。

が、みず

。

②

なぞりましょう。

おにいさんが、さかなをつります。

かきましょう。

が、さかな

。

(2) えを みて、くっつきの「を」を つかって、ぶんを つくりましょう。

おとうと

ぶどう

くっつきの「を」を つかった ぶんづくり ②

なまえ

(1) えを みて、ぶんを つくりましょう。

① 

なぞりましょう。

おねえさんが、おんがくを ききます。

かきましょう。

が、

。

② 

なぞりましょう。

ともだちが、たいこを たたきます。

かきましょう。

が、

。

(2) えを みて、くっつきの「を」を つかって、ぶんを つくりましょう。

わたし

ふえ

ちいさい「ゃ・ゅ・ょ」の ことばを つかった ぶんづくり ①

なまえ

● ちいさい「ゃ・ゅ・ょ」に きを つけて、ぶんを かきましょう。

①

なぞりましょう。

きょう、でんしゃに のりました。

かきましょう。

②

なぞりましょう。

あさに、ぎゅうにゅうを のみました。

かきましょう。

③

なぞりましょう。

ひゃくえんを ちょきんしました。

かきましょう。

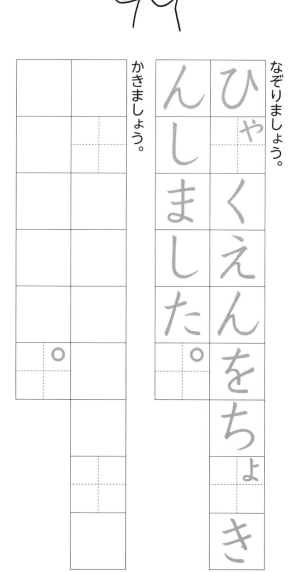

ちいさい「や・ゆ・よ」の ことばを つかった ぶんづくり ②

なまえ

● ちいさい「や・ゆ・よ」に きを つけて、ぶんを かきましょう。

①

なぞりましょう。

おもちゃで、あそんだ。

かきましょう。

＿＿＿で、＿＿＿。

②

なぞりましょう。

きゅうしょくで、じゃがいもをたべた。

かきましょう。

＿＿＿で、＿＿＿。

③

なぞりましょう。

びょういんで、ちゅうしゃをした。

かきましょう。

＿＿＿で、＿＿＿。

ちいさい「や・ゆ・よ」の ことばを つかった ぶんづくり ③

なまえ

● ちいさい 「や・ゆ・よ」に きを つけて、ぶんを かきましょう。

①

なぞりましょう。

きょうかしょで、べんきょうをします。

かきましょう。

②

なぞりましょう。

かしゅと、あくしゅをしました。

かきましょう。

③

なぞりましょう。

ほうちょうで、きゅうりをきりました。

かきましょう。

くっつきの「へ」を　つかった　ぶんづくり　①

なまえ

● えを　みて、くっつきの「へ」を　つかって　ぶんを　つくりましょう。

①

なぞりましょう。

がっこうへいきます。

かきましょう。

へ　。

②

なぞりましょう。

としょかんへいきます。

かきましょう。

へ　。

③

なぞりましょう。

こうえんへいきます。

かきましょう。

へ　。

④

なぞりましょう。

うみへいきます。

かきましょう。

へ　。

くっつきの「へ」を つかった ぶんづくり ②

なまえ

● えを みて、くっつきの「へ」を つかって ぶんを つくりましょう。

①

なぞりましょう。

くるまは、ひだりへ まがります。

かきましょう。

②

なぞりましょう。

ありは、まえへすすみます。

かきましょう。

③

なぞりましょう。

わたしは、いえへかえります。

かきましょう。

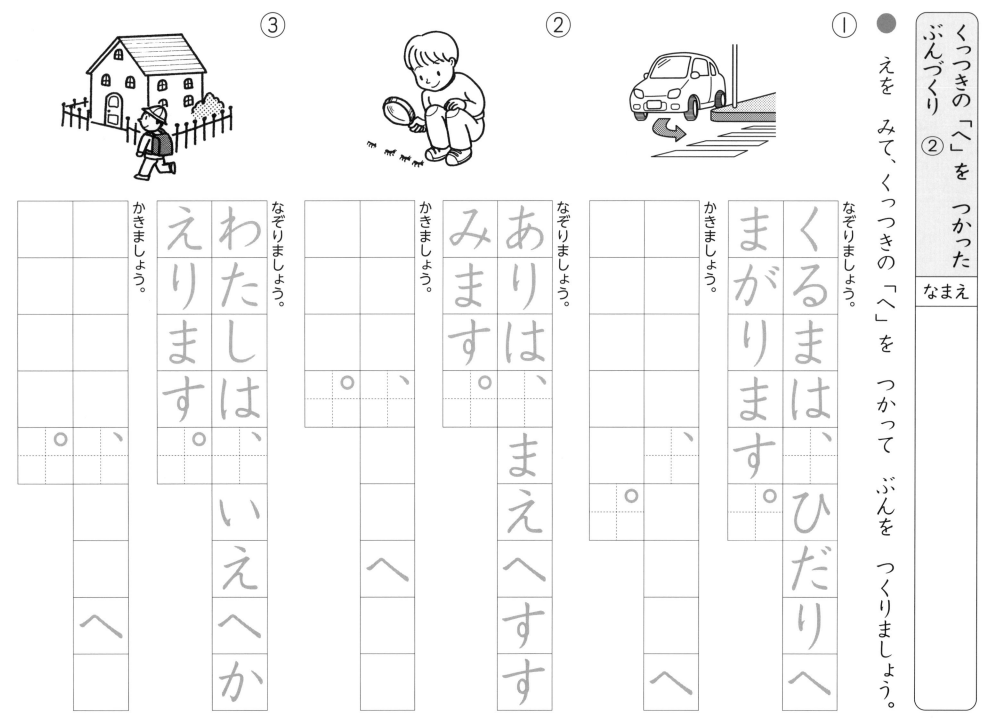

くっつきの「は・を・へ」を つかった ぶんづくり ①

なまえ

● えを みて ぶんを つくりましょう。

①

なぞりましょう。

いもうとは、ほんを
よみます。

かきましょう。

、

。

②

なぞりましょう。

どうぶつえんへぞう
をみにいきます。

かきましょう。

。

③

なぞりましょう。

ぼくは、かわへつり
をしにいきます。

かきましょう。

、

。

くっつきの「は・を・へ」をつかった ぶんづくり ②

なまえ

● えを みて ぶんを つくりましょう。

①

なぞりましょう。

しらゆきひめは、りんごをたべます。

かきましょう。

②

なぞりましょう。

すいぞくかんへさかなをみにいきます。

かきましょう。

③

なぞりましょう。

ははは、まちへふくをかいにいきます。

かきましょう。

くっつきの「は・を・へ」を つかった ぶんづくり ③

なまえ

● つぎの ぶんの ｜の じを ただしく なおして かきましょう。

① ぼくわ、がっこうえいきます。

ぼくは、

② おねへさんわ、やまえいきます。

③ わたしわ、かさおさしていええかへる。

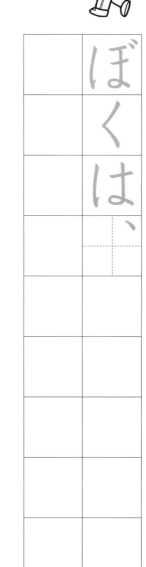

くっつきの「は・を・へ」を つかった ぶんづくり ④

なまえ

(1) えを みて、くっつきの「は」「を」を つかって、ぶんを つくりましょう。

① わたし いちご たべる

わたしは、

② ぼく むし とる

(2) えを みて、くっつきの「は」「へ」を つかって、ぶんを つくりましょう。

わたし やま のぼる

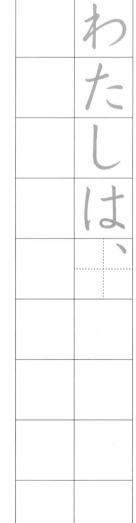

88頁

うごきことばを つかった ぶんづくり ①-(1) 「——が」 なまえ

● えを みて ぶんを つくりましょう。 ていねいに かきましょう。

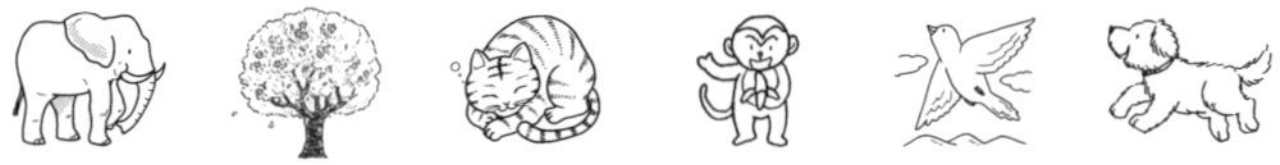

① いぬが、はしる。
② とりが、とぶ。
③ さるが、たべる。
④ ねこが、ねる。
⑤ さくらが、さく。
⑥ ぞうが、あるく。

89頁

うごきことばを つかった ぶんづくり ①-(2) 「——が」 なまえ

● えを みて 「——が、——。」の ぶんを つくりましょう。

① とりが、とぶ。
② うまが、はしる。
③ ぞうが、たべる。
④ さかなが、およぐ。
⑤ うさぎが、はねる。

90頁

うごきことばを つかった ぶんづくり ②-(1) 「——を」 なまえ

● えを みて ぶんを つくりましょう。 ていねいに かきましょう。

① くつをはく。
② ふくをきる。
③ かさをさす。
④ はをみがく。
⑤ えほんをよむ。
⑥ うたをうたう。

91頁

うごきことばを つかった ぶんづくり ②-(2) 「——を」 なまえ

● えを みて 「——を——。」の ぶんを つくりましょう。

① かおをあらう。
② くつをはく。
③ ほんをよむ。
④ はをみがく。
⑤ りんごをたべる。

解答例

本書の解答は，あくまでもひとつの例です。児童に取り組ませる前に，必ず指導される方が問題を解いてください。指導される方の作られた解答をもとに，児童の多様な考えに寄り添って○つけをお願いします。

92頁

ようすことばを　つかった　ぶんづくり　①

なまえ

● えを　みて　ようすを　あらわす　ぶんを　つくりましょう。

①

なぞりましょう。
たかいやまです。

かきましょう。
たかいやまです。

②

なぞりましょう。
ひくいやまです。

かきましょう。
ひくいやまです。

③

なぞりましょう。
おおきいてです。

かきましょう。
おおきいてです。

④

なぞりましょう。
ちいさいてです。

かきましょう。
ちいさいてです。

93頁

ようすことばを　つかった　ぶんづくり　②

なまえ

● えを　みて　ようすを　あらわす　ぶんを　つくりましょう。

①

ていねいに　なぞりましょう。
かばんがおもいです。

かきましょう。
かばんがおもいです。

②

ていねいに　なぞりましょう。
かばんがかるいです。

かきましょう。
かばんがかるいです。

③

ていねいに　なぞりましょう。
おゆがあついです。

かきましょう。
おゆがあついです。

④

ていねいに　なぞりましょう。
みずがつめたいです。

かきましょう。
みずがつめたいです。

94頁

ようすことばを　つかった　ぶんづくり　③

なまえ

● えを　みて　ようすを　あらわす　ぶんを　つくりましょう。

(1)

①

きがふといです。

②

きがほそいです。

(2)

①

にわがせまいです。

②

にわがひろいです。

(3)

①

かわがふかいです。

②

かわがあさいです。

95頁

ようすことばを　つかった　ぶんづくり　④

なまえ

● えを　みて　ようすを　あらわす　ぶんを　つくりましょう。

(1)

①

はやいくるまです。

②

おそいくるまです。

(2)

①

おもいいしです。

②

かるいいしです。

(3)

①

あまいかきです。

②

しぶいかきです。

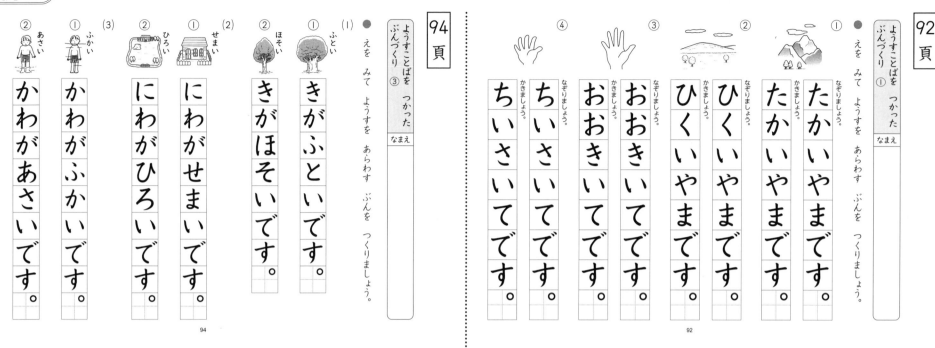

本書の解答は，あくまでもひとつの例です。児童に取り組ませる前に，必ず指導される方が問題を解いてください。指導される方の作られた解答をもとに，児童の多様な考えに寄り添って○つけをお願いします。

解答例

96 頁

ようすことば《きもちを あらわす ことば》を つかった ぶんづくり ⑤-(1)

なまえ

● えを みて ぶんを つくりましょう。
□の ことばを つかいましょう。

うれしい　やさしい　たのしい　かなしい

① 
うれしいきもちです。

② 
かなしいきもちです。

③ 
やさしいきもちです。

④ 
たのしいきもちです。

97 頁

ようすことば《きもちを あらわす ことば》を つかった ぶんづくり ⑤-(2)

なまえ

● えを みて ぶんを つくりましょう。
□の ことばを つかいましょう。

こわい　いたい　さむい　あつい

① 
おばけは、こわいです。

② 
なつは、あついです。

③ 
ふゆは、さむいです。

④ 
あしが、いたいです。

98 頁

くっつきの「が」を つかった ぶんづくり ①

なまえ

● えを みて ぶんを つくりましょう。

① 
なぞりましょう。
いぬがほえます。
かきましょう。
いぬがほえます。

② 
なぞりましょう。
わたしがはなします。
かきましょう。
わたしがはなします。

③ 
なぞりましょう。
あにがはしります。
かきましょう。
あにがはしります。

99 頁

くっつきの「が」を つかった ぶんづくり ②

なまえ

● えを みて ぶんを つくりましょう。

① 
なぞりましょう。
かぜがふきます。
かきましょう。
かぜがふきます。

② 
なぞりましょう。
あめがふります。
かきましょう。
あめがふります。

③ 

なぞりましょう。
みちができます。
かきましょう。
みちができます。

解答例

本書の解答は，あくまでもひとつの例です。児童に取り組ませる前に，必ず指導される方が問題を解いてください。指導される方の作られた解答をもとに，児童の多様な考えに寄り添って○つけをお願いします。

100頁

ちいさい「っ」の ことばを つかった ぶんづくり ①

なまえ

● えを みて ぶんを つくりましょう。
ちいさい「っ」に きを つけて かきましょう。

①

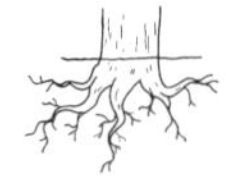

なぞりましょう。 ねこが います。

なぞりましょう。 ねっこが あります。

かきましょう。 ねっこが あります。

②

なぞりましょう。 きくが さきました。

なぞりましょう。 きっくを します。

かきましょう。 きっくを します。

101頁

ちいさい「っ」の ことばを つかった ぶんづくり ②

なまえ

● えを みて ぶんを つくりましょう。
ちいさい「っ」に きを つけて かきましょう。

① 

なぞりましょう。 らっこが およぎます。

かきましょう。 らっこが およぎます。

② 

なぞりましょう。 ばったが はねます。

かきましょう。 ばったが はねます。

③ 

なぞりましょう。 はっぱが おちます。

かきましょう。 はっぱが おちます。

④ 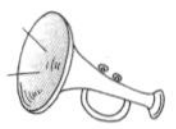

なぞりましょう。 らっぱが なります。

かきましょう。 らっぱが なります。

102頁

くっつきの「は」を つかった ぶんづくり ①

なまえ

● えを みて、「――は、――です。」の ぶんを つくりましょう。

① 

なぞりましょう。 せみは、むしです。

かきましょう。 せみは、むしです。

② 

なぞりましょう。 かもめは、とりです。

かきましょう。 かもめは、とりです。

③ 

なぞりましょう。 りんごは、くだものです。

かきましょう。 りんごは、くだものです。

103頁

くっつきの「は」を つかった ぶんづくり ②

なまえ

● えを みて、「――は、――です。」の ぶんを つくりましょう。

① 

なぞりましょう。 そらは、あおいです。

かきましょう。 そらは、あおいです。

② 

なぞりましょう。 くもは、しろいです。

かきましょう。 くもは、しろいです。

③ 

なぞりましょう。 ひは、あついです。

かきましょう。 ひは、あついです。

④ 

なぞりましょう。 あめは、あまいです。

かきましょう。 あめは、あまいです。

104頁

くっつきの「は」を つかった ぶんづくり ③　なまえ

● えを みて、「——は、——ます。」の ぶんを つくりましょう。

① 

なぞりましょう。 うさぎは、はねます。

かきましょう。 うさぎは、はねます。

② 

なぞりましょう。 こいは、およぎます。

かきましょう。 こいは、およぎます。

③ 

なぞりましょう。 ばすは、はしります。

かきましょう。 ばすは、はしります。

④ 

なぞりましょう。 とりは、とびます。

かきましょう。 とりは、とびます。

105頁

くっつきの「は」を つかった ぶんづくり ④　なまえ

● □に 「わ」か 「は」を かいて、えに あう ぶんを つくりましょう。

① 

か［わ］［は］、ながれます。

② 

［わ］に［は］、こわいです。

③ 

［は］と［は］、かわいいです。

④ 

［わ］たし［は］、こどもです。

⑤ 

［は］な［は］、きれいです。

106頁

「のばすおん」を つかった ぶんづくり ①　なまえ

● 「のばすおん」に きを つけて、ぶんを かきましょう。

① 

なぞりましょう。 おかあさんが、しいたけをかいました。

かきましょう。 おかあさんが、しいたけをかいました。

② 

なぞりましょう。 おにいさんと、ふうせんであそびます。

かきましょう。 おにいさんと、ふうせんであそびます。

107頁

「のばすおん」を つかった ぶんづくり ②　なまえ

(1) 「のばすおん」に きを つけて、ぶんを かきましょう。

① 

なぞりましょう。 おねえさんが、ぼうしをかぶります。

かきましょう。 おねえさんが、ぼうしをかぶります。

② 

なぞりましょう。 おとうとが、えいがをみます。

かきましょう。 おとうとが、えいがをみます。

(2) えを みて、ぶんを つくりましょう。

(れい) あにが、ひこうきをとばします。

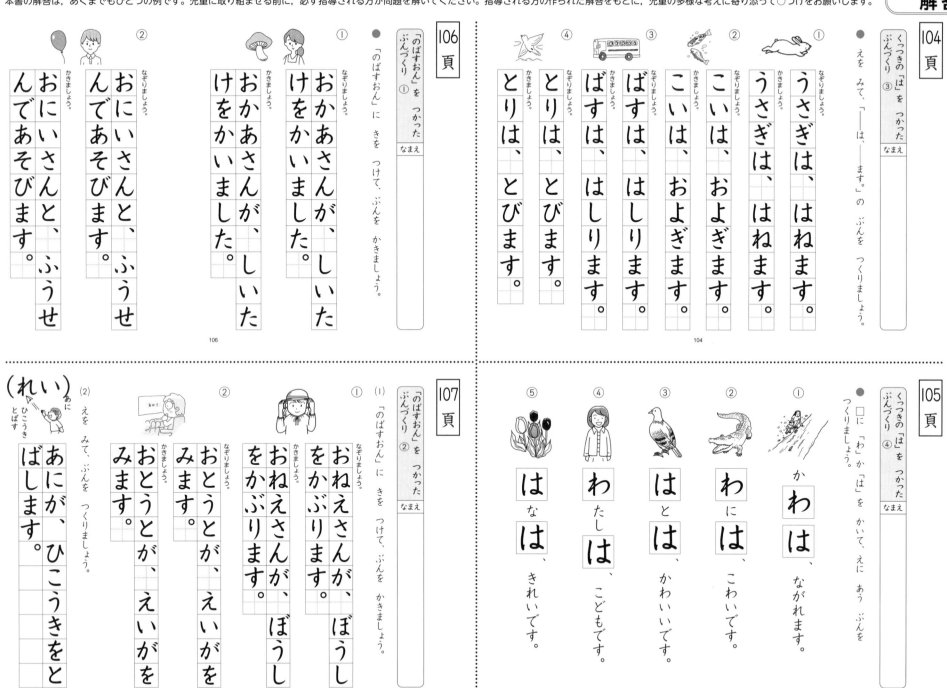

解答例

本書の解答は，あくまでもひとつの例です。児童に取り組ませる前に，必ず指導される方が問題を解いてください。指導される方の作られた解答をもとに，児童の多様な考えに寄り添って○つけをお願いします。

108頁

「のばすおん」を つかった ぶんづくり ③
とくべつな のばす おん

なまえ

● 「のばすおん」に きを つけて、ぶんを かきましょう。

①

なぞりましょう。 とおくのみせで、かきごおりをたべました。

かきましょう。 とおくのみせで、かきごおりをたべました。

②

なぞりましょう。 せんせいが、どうろでこおろぎをみつけました。

かきましょう。 せんせいが、どうろでこおろぎをみつけました。

109頁

くっつきの「を」を つかった ぶんづくり ①

なまえ

(1) えを みて、ぶんを つくりましょう。

①

なぞりましょう。 いぬが、みずをのみます。

かきましょう。 いぬが、みずをのみます。

②

なぞりましょう。 おにいさんが、さかなをつります。

かきましょう。 おにいさんが、さかなをつります。

(2) えを みて、くっつきの「を」を つかって、ぶんを つくりましょう。

(れい)

おとうとが、ぶどうをたべる。

110頁

くっつきの「を」を つかった ぶんづくり ②

なまえ

(1) えを みて、ぶんを つくりましょう。

①

なぞりましょう。 おねえさんが、おんがくをききます。

かきましょう。 おねえさんが、おんがくをききます。

②

なぞりましょう。 ともだちが、たいこをたたきます。

かきましょう。 ともだちが、たいこをたたきます。

(2) えを みて、くっつきの「を」を つかって、ぶんを つくりましょう。

(れい)

わたしが、ふえをふきます。

111頁

ちいさい「ゃ・ゅ・ょ」の ことばを つかった ぶんづくり ①

なまえ

● ちいさい 「ゃ・ゅ・ょ」に きを つけて、ぶんを かきましょう。

①

なぞりましょう。 きょう、でんしゃにのりました。

かきましょう。 きょう、でんしゃにのりました。

②

なぞりましょう。 あさに、ぎゅうにゅうをのみました。

かきましょう。 あさに、ぎゅうにゅうをのみました。

③

なぞりましょう。 ひゃくえんをちょきんしました。

かきましょう。 ひゃくえんをちょきんしました。

本書の解答は，あくまでもひとつの例です。児童に取り組ませる前に，必ず指導される方が問題を解いてください。指導される方の作られた解答をもとに，児童の多様な考えに寄り添って○つけをお願いします。

解答例

112頁

ちいさい「ゃ・ゅ・ょ」の ことばを つかった ぶんづくり ②

なまえ

● ちいさい 「ゃ・ゅ・ょ」に きを つけて、ぶんを かきましょう。

①

なぞりましょう。

おもちゃで、あそんだ。

かきましょう。

おもちゃで、あそんだ。

②

なぞりましょう。

きゅうしょくで、じゃがいもをたべた。

かきましょう。

きゅうしょくで、じゃがいもをたべた。

③

なぞりましょう。

びょういんで、ちゅうしゃをした。

かきましょう。

びょういんで、ちゅうしゃをした。

112

113頁

ちいさい「ゃ・ゅ・ょ」の ことばを つかった ぶんづくり ③

なまえ

● ちいさい 「ゃ・ゅ・ょ」に きを つけて、ぶんを かきましょう。

①

なぞりましょう。

きょうかしょで、べんきょうをします。

かきましょう。

きょうかしょで、べんきょうをします。

②

なぞりましょう。

かしゅと、あくしゅをしました。

かきましょう。

かしゅと、あくしゅをしました。

③

なぞりましょう。

ほうちょうで、きゅうりをきりました。

かきましょう。

ほうちょうで、きゅうりをきりました。

113

114頁

くっつきの「へ」を つかった ぶんづくり ①

なまえ

● えを みて、くっつきの「へ」を つかって ぶんを つくりましょう。

①

なぞりましょう。

がっこうへいきます。

かきましょう。

がっこうへいきます。

②

なぞりましょう。

としょかんへいきます。

かきましょう。

としょかんへいきます。

③

なぞりましょう。

こうえんへいきます。

かきましょう。

こうえんへいきます。

④

なぞりましょう。

うみへいきます。

かきましょう。

うみへいきます。

114

115頁

くっつきの「へ」を つかった ぶんづくり ②

なまえ

● えを みて、くっつきの「へ」を つかって ぶんを つくりましょう。

①

なぞりましょう。

くるまは、ひだりへまがります。

かきましょう。

くるまは、ひだりへまがります。

②

なぞりましょう。

ありは、まえへすすみます。

かきましょう。

ありは、まえへすすみます。

③

なぞりましょう。

わたしは、いえへかえります。

かきましょう。

わたしは、いえへかえります。

115

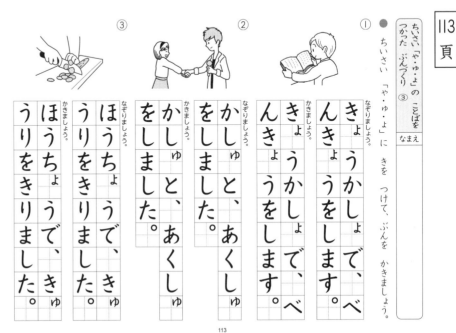

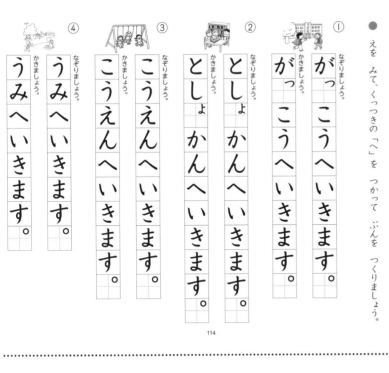

解答例　本書の解答は，あくまでもひとつの例です。児童に取り組ませる前に，必ず指導される方が問題を解いてください。指導される方の作られた解答をもとに，児童の多様な考えに寄り添って○つけをお願いします。

116頁

くっつきの「は・を・へ」を つかった ぶんづくり ①
なまえ

● えを みて ぶんを つくりましょう。

① なぞりましょう。／かきましょう。
いもうとは、ほんを よみます。

② なぞりましょう。／かきましょう。
どうぶつえんへぞう をみにいきます。

③ なぞりましょう。／かきましょう。
ぼくは、かわへつり をしにいきます。

117頁

くっつきの「は・を・へ」を つかった ぶんづくり ②
なまえ

● えを みて ぶんを つくりましょう。

① なぞりましょう。／かきましょう。
しらゆきひめは、り んごを たべます。

② なぞりましょう。／かきましょう。
すいぞくかんへさか なをみにいきます。

③ なぞりましょう。／かきましょう。
ははは、まちへふく をかいにいきます。

118頁

くっつきの「は・を・へ」を つかった ぶんづくり ③
なまえ

● つぎの ぶんの ―の じを ただしく なおして かきましょう。

① ぼくわ、がっこうえ いきます。
ぼくは、がっ こうへ いきます。

② おねえさんわ、やまえ いきます。
おねえさんは、やま へいきます。

③ わたしわ、かさおさしていえかへる。
わたしは、かさをさ していえへかえる。

119頁

くっつきの「は・を・へ」を つかった ぶんづくり ④
なまえ

(1) えを みて、くっつきの「は」「を」を つかって、ぶんを つくりましょう。

（れい）わたし　いちご　たべる
わたしは、いちごを たべます。

（れい）ぼく　むし　とる
ぼくは、むしをとり ます。

(2) えを みて、くっつきの「は」「へ」を つかって、ぶんを つくりましょう。

（れい）わたし　やま　のぼる
わたしは、やまへの ぼります。

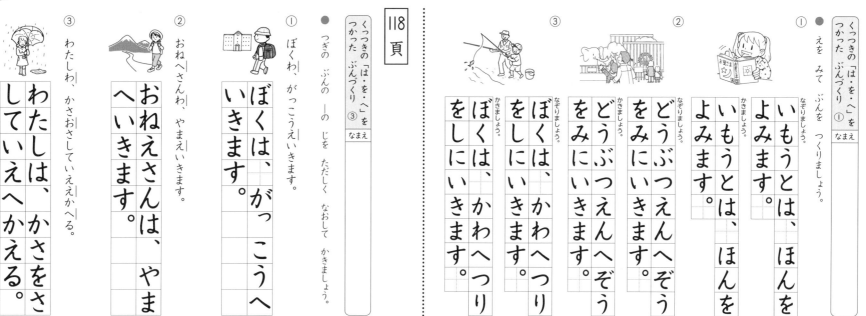

喜楽研の支援教育シリーズ
もっと　ゆっくり　ていねいに学べる　個別指導に最適
作文ワーク 基礎編 1-①「読む・写す・書く」 光村図書・東京書籍・教育出版の教科書教材より抜粋

2023年4月2日

イ ラ ス ト： 山口　亜耶・浅野　順子　他
表紙イラスト： 鹿川　美佳
表紙デザイン： エガオデザイン
企 画 ・ 編 著： 原田　善造・あおい　えむ・堀越　じゅん・今井　はじめ・さくら　りこ
中　あみ・中　えみ・中田　こういち・なむら　じゅん・はせ　みう
ほしの　ひかり・みやま　りょう（他４名）
編 集 担 当： 田上　優衣・堀江　優子

発　行　者： 岸本　なおこ
発　行　所： 喜楽研（わかる喜び学ぶ楽しさを創造する教育研究所：略称）
〒604-0827　京都府京都市中京区高倉通二条下ル瓦町 543-1
TEL 075-213-7701　FAX 075-213-7706　HP https://www.kirakuken.co.jp
印　　　刷： 株式会社米谷

ISBN : 978-4-86277-433-0

Printed in Japan